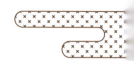

嫁の心得《こころえ》

山内一豊の妻に学ぶ

さげまん妻にならないための6つのヒント

大川隆法
Ryuho Okawa

まえがき

我ながら、『嫁の心得』とは何とも時代錯誤《じだいさくご》な題の本だと思う。現代の若い女性に、「嫁の心得」や、「山内一豊《やまのうちかずとよ》の妻」「あげまん妻」などの言葉に反応する人たちが、いったいどのくらいいるだろう。いわゆる「歴女《れきじょ》」といわれる歴史好きの女性以外は、見向きもしないかもしれない。

しかし、政府が官民あげて、少子高齢化《しょうしこうれいか》対策をやらねばならない現状を見れば、言論をもって、世の中を変えていこうとしている著者としては、何か一言《ひとこと》いわねばなるまい。

今の学校教育は、基本的に「さげまん妻」教育をやっている。男性と競争し、打ち克《か》つことを目標にしているかに見えるからである。会社では、「パワハラ」「セクハラ」といわれることを怖《おそ》れる男性の山である。

本当に「賢い女性」とはどういう人なのか。それを考えるヒントになれば幸いである。

二〇一七年　十一月三日

幸福《こうふく》の科学《かがく》グループ創始者兼総裁《そうししゃけんそうさい》　大川隆法《おおかわりゅうほう》

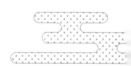

嫁の心得　山内一豊の妻に学ぶ　目次

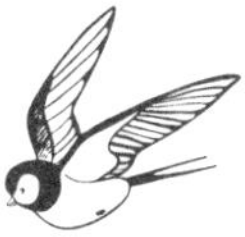

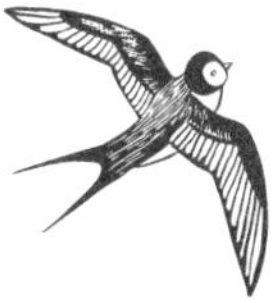

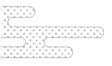

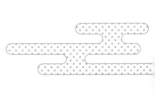

嫁《よめ》の心得《こころえ》　山内一豊《やまのうちかずとよ》の妻に学ぶ

――さげまん妻にならないための6つのヒント――

二〇一七年十月十九日　説法《せっぽう》
幸福の科学 特別説法堂にて

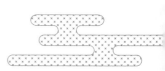

Q5 ああ、「嫁姑《しゅうとめ》問題」!! どう乗り越《こ》える？　74

Q6 実はコワイ！「玉の輿《こし》」のあとの「落とし穴」 102

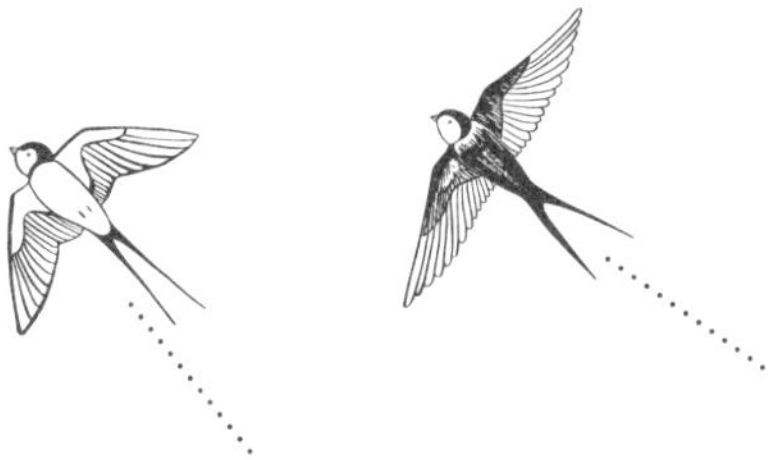

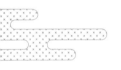

嫁《よめ》の心得《こころえ》

山内《やまのうち》一豊《かずとよ》の妻に学ぶ

―さげまん妻にならないための6つのヒント―

2017年10月19日　説法《せっぽう》
幸福の科学 特別説法堂にて

序論　「良妻賢母《りょうさいけんぼ》の鑑《かがみ》」から現代版「嫁《よめ》の心得《こころえ》」を

個人主義で核《かく》家族が増えるこの日本で

今日（二〇一七年十月十九日）は、「幸福の科学は数多くの本を出しているけれども、これに関する本はまだなかったかな」と思うものを思いつきました。「嫁《よめ》の心得《こころえ》」のようなテーマの本はないのではないかと思います。

ないというよりも、これは、「現代的に書ける人はいないのではないか」と思うほど難しいテーマであり、「誰《だれ》が自信を持って、これについて書けるか」ということです。

今は個人主義が全盛なので、母親が努力して育てた子供であっても、結婚《けっこん》すると、あっという間に縁《えん》がスパッと切れ、別家庭を持つことになります。

結婚後も親と一緒《いっしょ》に住むと、けんかばかり起きるようなことが普通《ふつう》なので、「そうした悩《なや》みや苦しみをつくるよりは、別の家庭のほうがよい」ということで、別所帯が当たり前になり、核《かく》家族化しています。

これにはこれなりに、よいところもありますが、当然、反作用もあるわけで、日本的伝統のよさの部分が消えていっているところもあります。

また、これから先、高齢《こうれい》人口が増えていきますが、「高齢で仕事や収入がなくなった人たちを、どうするのか」という問題も出てきています。

ただ、〝家庭のノウハウ〟が消えているため、誰の責任でもなく、「国が責任を取れ」というようなかたちになってきているのです。

これに関して、幸福の科学では、「宗教的精神からいくと、家族のなかで出来のよい子供が、両親の面倒《めんどう》を見るような生き方も一部あるのではないか」と考えています。

それは、「年金や老後の医療福祉《いりょうふくし》等の問題で、『お金が足りない。税金が足りない』と言っているけれども、ほかの生き筋《すじ》もあるのではないか」ということです。

例えば、相続を非課税にしたりして、親の面倒を見る人に財産を譲《ゆず》るようにしてもよいかもしれません。

戦前には年金はありませんでしたが、飢《う》え死にをしたり捨てられたりする老人はいなかったので、年金がなくても、それでうまくいっていたのです。

したがって、そういう生き方も、一部、復活させていかなくてはならない面もあるのではないかと考えています。

それにしても、別の家庭に育った者が、〝違《ちが》う文化〟のなかで家族として生きていくためには、そのための心得《こころえ》が要《い》るかと思います。そこで、今日は

「嫁の心得」というものにフォーカスしていこうと思うのです。

戦国時代、山内一豊《やまのうちかずとよ》を大出世させた妻・千代《ちよ》

「嫁の心得」について、権威《けんい》を持って語れる適切な人はあまりいないのですが、日本の歴史のなかで見ると、高知県、土佐藩《とさはん》の藩主だった山内一豊《やまのうちかずとよ》の妻、山内千代《ちよ》という方が、「良妻賢母《りょうさいけんぼ》の鑑《かがみ》」としてよく知られています。

土佐に行くと、桂浜《かつらはま》には龍馬《りょうま》の像が建っていますが、確か、高知城の天守の近くには、お千代さんの像として、ふくよかな女

山内千代（1557～1617）　土佐藩初代藩主・山内一豊の妻。織田信長《おだのぶなが》の一家臣だった一豊が、一代で土佐藩主にまで出世するのを支えた。内助の功として、「馬揃え」や「笠の緒文《おぶみ》」などの逸話で知られ、良妻賢母の鑑《かがみ》とされる。一豊の死後、出家《しゅっけ》して見性院《けんしょういん》の法号を受けた。（上）山内千代と名馬の像（高知市高知城）

性の立派な像が建っていたと思います。

彼女が生きたのは主に安土桃山《あづちももやま》時代なので、織田信長《おだのぶなが》や豊臣秀吉《とよとみひでよし》の時代です。五百年近くも前の時代に、土佐藩をもらって藩主になった方の妻だったわけですが、武将の妻だった人の像が五百年後に存在するのは極《きわ》めてまれなことであろうかと思います。その意味で、彼女には、一般《いっぱん》の人たちにはなかなかまねできないものがあったのではないかと考えます。

彼女は、一五五七年に生まれ、一六一七年に没《ぼっ》しており、六十一歳《さい》まで生きた方です。

晩年、夫が亡《な》くなったあとに出家《しゅっけ》して尼《あま》さんになり、京都の妙心寺大通院《みょうしんじだいつういん》で「見性院《けんしょういん》」の法号を受けているので、仏縁《ぶつえん》もあった方か

見性院（作者不明、1617 年頃、土佐山内家宝物資料館所蔵）

と思います。「見性」とは、悟《さと》りを開くときの言葉で、人間に備わる本性《ほんしょう》を見ることです。

浅井《あざい》家の家臣の娘《むすめ》で、父が討《う》ち死にしたあと、現在の岐阜《ぎふ》県に当たる美濃《みの》の不破《ふわ》氏の養女になりました。「一豊の母に仕《つか》えて嫁に見込《みこ》まれた」とも言われています。

その後、山内一豊と結婚し、一五八五年に長浜城《ながはまじょう》城主夫人になり、後《のち》に大坂《おおさか》に居住しました。

一六〇〇年になると、夫の一豊は、徳川家《とくがわいえ》康《やす》に従って会津《あいづ》に出陣《しゅつじん》していたのですが、千代は夫のもとに石田三成《いしだみつなり》の挙兵《きょへい》を知らせ、「自分は、人質《ひとじち》になれば自決する覚悟《かくご》なので、心置きなく徳川氏

妙心寺（京都市右京《うきょう》区）。山内夫妻の養子として育てられた湘南宗化《しょうなんそうけ》は、妙心寺大通院の第２代住持《じゅうじ》を務めた。この大通院に山内夫妻の京都墓所がある。

に忠誠を尽《つ》くすように」と助言したそうです（「笠《かさ》の緒文《おぶみ》」の逸話《いつわ》）。なかなか筋の通った方だと思います。

この「関《せき》ヶ原《はら》の戦い」の功績で一豊は土佐一国を与《あた》えられましたが、数年後に死去しています。ただ、初代の土佐藩主として知られており、「土佐の大本《おおもと》だ」というように考えられています。

千代がまだ若いときの逸話として、次のような話があります。

「一豊が、目に留《と》めた名馬を『求めたい』と望んだときに、『夫の大事《だいじ》の際に使う』として実家から持参《じさん》した黄金十枚を用立てた。そして、そのあとの

山内一豊（1545？～1605）　織田信長の家臣として、一乗谷城《いちじょうだにじょう》の戦いで武勲を挙げる。このころ、千代と結婚し、豊臣家の小大名として出世を重ねる。1600年、石田三成が挙兵すると、いち早く家康への忠心を表明。関ヶ原の戦いの後《のち》、土佐藩初代藩主に抜擢され、高知城を築城した。（上）山内一豊像（高知市高知城）

馬揃《うまぞろ》え（軍馬を集めて検分すること）で織田信長に認められ、それが一豊の出世のきっかけになった」と言われているのです。

千代《ちよ》の霊《れい》との〝合作《がっさく》〟で、新しい扉《とびら》を開こう

この方については、『功名《こうみょう》が辻《つじ》』という司馬《しば》遼太郎《りょうたろう》の作品があり、昔読んだ覚えがあります。この作品では、司馬さんの作風が、まだ直木賞的《なおきしょう》なエンターテインメント系のものだったような気がします。なるべく史実に忠実に書こうとする、後の作風ではなかったような気がするので、「フィクションとして想像で書

山内一豊と妻の像（岐阜県郡上《ぐじょう》市）

関ヶ原の戦いの山内一豊陣跡《じんあと》にある「出世の松」（岐阜県不破郡《ふわぐん》関ケ原《せきがはら》町《ちょう》）

いている面がやや多かったかな」という印象が、私には残っています。

また、「司馬遼太郎という人は、女性を描《えが》くのがあまりうまい人ではないのではないか」というのが私の率直《そっちょく》な感想です。真面目《まじめ》な方であったのかもしれませんが、「女性の種類をあまりよく知らないのではないか」という印象を受けているのです。

千代《ちよ》さんについても、「ややパターン化した描き方をなされたのではないか」と感じるので、「彼女の実像がそうかどうか」については分かりません。

山内千代さんは、「良妻賢母の鑑」として知られている方なので、「嫁の心得」を言うなら、彼女あたりがいちばんよろしいかと思います。

ただ、内容を「歴史もの」にしてしまっては、現代的には通用しないので、今日は、できるだけ現代のいろいろな課題に答えていき、何らかの参考テキストをつくりたいと考えています。

そのため、純粋《じゅんすい》な霊言《れいげん》にはならず、「大川隆法の考え」と「山内千代の考え」との〝合作《がっさく》〟という感じになると思いますが、山内千代の霊からアドバイスを受けつつ、考え方を紡《つむ》いでいけたらと思います。

本当の女性言葉でザーッと話し始めたら、それは彼女の霊言ですが、現代の質問に答えるには、それだけでは少し足りない部分があります。お殿様《とのさま》に仕えたときの話ばかりを聴《き》いても、今の時代には通じなくて、それは、たぶん使えないと思うのです。

ですから、「今、どう考えるか」ということについては、私と彼女の〝合作〟のかたちで考え、答えていきたいと思います。

これは、これから必要とされる「新しい道」を拓《ひら》くために、一つの扉《とびら》を開くことになるのではないかと思います。

では、山内千代の霊と意識の交流をします。そのあとは、普通に質問のか

●霊言　あの世の霊存在の言葉を語り下ろすこと。ただし、真の霊言は、高度な悟りを開いた者に特有の現象で、霊存在の考えや思いを肉声を通して伝えることができる。

たちで訊《き》いていただければよいと思います。

（瞑目《めいもく》し、合掌《がっしょう》する。約十秒間の沈黙《ちんもく》）

（目を開けて）はい。

Q1　何が違《ちが》う？　「あげまん妻」と「さげまん妻」

A　千代《ちよ》様は「良妻賢母《りょうさいけんぼ》の鑑《かがみ》」として非常に有名な方ですが、その「良妻」についての質問です。

夫を出世させる、あるいは家運《かうん》を向上させる妻と、逆に、そうではなく、〝さげまん〟になってしまう妻との違《ちが》いについて、お教えいただければと思います。

「才色兼備《さいしょくけんび》」が良妻賢母《りょうさいけんぼ》とは限らない

大川隆法　現代的な視点でお答えすると、現代では、「高嶺《たかね》の花」というか、多くの男性から憧《あこが》れられる女性には、どちらかといったら、「個性が際立《きわだ》っている」というところがあるかと思います。

つまり、「花としても、自分一人で咲《さ》き続けることができるような女性のほうが好かれ、憧れられる傾向《けいこう》が強い」ということであり、「どちらかというと、男性だけではなく、女性からも憧れられるような女性、『あのようになりたいな』と思われる女性が、人気がある」ということですよね。

もっと具体的に言うと、テレビのニュースキャスターになれるような女性でしょうか。「才色兼備《さいしょくけんび》」という感じで、よく勉強して知識があるけれども、美貌《びぼう》もあって、男性からも憧れられるような女性です。そういう方が、現代的には、〝お姫様《ひめさま》〟のように見られていることが多いのではないかと思います。

ただ、「妻の条件」を考えたとき、そういう方が、妻としての適性が高いかというと、人によると思います。全部が駄目《だめ》とも言えませんし、全部がよいとも言えません。

いろいろな人から、「いいなあ。いいなあ」と憧れられることが、妻の条件としてよろしいかというと、必ずしもそうではないのです。

要するに、「個性が際立つ」ということによって、結果的に、自我我欲《じがが よく》が強くなったり、「自分自身が人にほめられたい。認められたい」という気持ちが強く出てき始めたりすると、夫との相性《あいしょう》もありましょうが、「良妻賢母《りょうさいけんぼ》型になる」と言えるかどうか、分からない面があるわけです。

今は、女性として目立ちたいタイプの方に人気が出ている時代ではあるのですが、そういう目立ちたいタイプの方が、妻として、夫の運勢を上げるような力を持つのかどうかは分かりません。なかには、「仕事は仕事として、夫がやるべきことはあるけれども、それを離《はな》れたら、夫は完全に自分の支配下にあるべきだ」と思い、自分の予定を優先するような女性もいるのではないかと思います。

妻と夫の「文化と見識《けんしき》」の衝突《しょうとつ》

現代の教育においては、もう男女の区別がないようになってきており、非常に〝ユニセックス（単性）〟的な教育がなされているように感じるので、学校を出ただけでは、良妻賢母型になるのには、かなり難しいところがあるのではないかと思います。

たまたま、家庭での教育等で上手に教えられた人の場合には、よろしいかと思うのですが、なかなかそうはいきませんし、家庭で教育を受けていても、それが夫のほうの家庭の文化と交わらない場合には、うまくいかないと、けんかになることもあります。

昔なら、地域的に近い所の人と結婚《けっこん》することが多かったのですが、今では、地域的に離れた人や外国暮らしをした人、さらには外国出身の人と結婚することもあるので、もっともっと難しくなっているかと思います。

そのため、「面倒《めんどう》を避《さ》ける」という意味で、今、核《かく》家族化しています。それ自体は、ありうることかと思うのですが、人類の長い歴史から見ると、必ずしも正しいあり方とは思えない面はあるのです。

嫁《よめ》は、自分が学んできたことを、そのまま提供しようとするわけですが、当然ながら、夫と妻とでは育ってきた環境《かんきょう》が違うので、そこのところで夫のほうがけっこう姑《しゅうとめ》と板挟《いたばさ》みになります。

妻が自分の母からいろいろと教わってきた、家庭での心づくしのあり方と、夫自身が学んできたこととが違うため、両方を立てようとすると、夫は裏表《うらおもて》のある性格になりやすく、また、嫁と姑が女同士で会うときには、けんかになるようなこともあるわけです。

この問題は極《きわ》めて難しいと思います。

現代では、若い女性のほうが、親に当たる方々よりも高学歴であることも多いので、その意味では、「嫁は姑になかなか説得されない」という面はあるかと思います。今の若い女性には、自分自身が受けた教育から来る見識《けんしき》で、古い見識をすぐに否定してしまう傾向があるのではないかと思います。

夫の主体性をゆがめずにサポートし、「愛の心」を降《ふ》り注《そそ》ぐ

男性にも、「知識や知性のランキング」はけっこうあります。

ただ、世の中はうまくできていて、上はアインシュタイン級の頭脳の男性から、下は普通《ふつう》の頭脳の男性までいたとしても、よく見渡《みわた》せば、不思議なことに、それぞれの知性に釣《つ》り合った女性がいるものなのです。したがって、

そのへんをよく見極めることが大事かと思います。

「夫の世界をまったく理解できず、夫の仕事や考えていることも理解できないけれども、男女だから一緒《いっしょ》にいられる」という関係もありえますが、これだと、かなり厳しいものはあるかと思います。

そうかといって、知識が豊富で、夫の仕事にいろいろと口を出しすぎる方の場合にも、嫌《きら》われる傾向はあります。男の世界等での話もあるのに、「妻に言われた」ということでコロコロ変わると、「公私混同」と言われることもありましょう。

妻としては、ある程度、夫のやっていることを理解しつつも、仕事に関して夫の主体性をゆがめない程度の抑制《よくせい》をしなくてはなりません。その上で、自分の豊かな世界からサポートするだけの「エネルギー」というか、「愛の心」を降《ふ》り注《そそ》がせることが大事です。

また、それと同時に、妻には、一家のやりくりや将来の金銭的見通し、子育ての知恵《ちえ》等では、「家庭を護《まも》る」ということに対する責任もあるだろうと思うのです。

これに関しては、夫にも参加してほしいでしょうが、あまりにも仕事が重かったり、非常に厳しい競争をしていたり、専門的な知識が要《い》る仕事をしていたりするような夫にとっては、家庭があまり足手まといになってはならないので、そのへんについて十分に配慮《はいりょ》できるかどうかが大事です。

あるいは、女性として生まれれば、みんな料理ができるかといえば、そんなこともないので、そのあたりについても、やはり、自分なりの努力は要るかと思います。

あげまん系は「一足す一以上のものにできる力」がある

概《がい》して言えば、「一足す一が二になる以上の結果を出していける人が〝あげまん〟系」です。一方、「結婚したら、マイナスになり、夫の重荷《おもに》になっていく」という感じで、最後には、「夫が月給を運ぶだけ」というスタイルになってくると、これは、「夫に養われているだけ」というかたちになります。

したがって、「一足す一以上のものになっていくかどうか。掛《か》け算的によくなるか」。あるいは、「子供ができても、それが単に重荷になっていくだけなのか。それとも、将来への希望や戦力として、力強い応援団《おうえんだん》になっていけるのか」。このへんを演出していける力が、妻としての力量ではないかと思います。

結果的には、もちろん、「夫から見て、『ああ、自分は楽になった。道が拓《ひら》けてきた』と感じるかどうか」ということもあるでしょう。

また、周りから見て、「その結婚にはプラスが多いな。よかったね」と素直《す なお》に言ってくれる感じか、それとも、「これはかなりの重荷になったね」という感じで、足を引っ張っているように見られるかということもあるでしょう。

この両方を合わせて見なければいけないのではないかと思います。

その結果は、意外と明らかに分かるのですが、嫁になった方自身の主観的な世界だけだと、分からないことは多いのです。

そして、たいてい、嫁に行った先の家庭のせいにしたり、そこの父親や母親のせいにしたり、仕事上の問題のせいにしたりします。いろいろなことのせいにするのが現代女性の普通の姿ではあるので、そのようになりやすいだろうと思います。

まあ、「夫を立てて、自分は耐《た》え忍《しの》ぶ」という、昔風の女性にはなかなかなれないのが、現代の女性ではないかと思います。

そのあたりについては、すべて、もともとは「心掛《こころが》けの問題」であり、また、「将来に向けての準備が十分にできているかどうか」という問題かと思います。

Q2 「神仏」と「夫」、どっちに仕《つか》える？

B 「信仰《しんこう》を持っている女性の結婚《けっこん》」についてご質問させていただきます。

信仰を持っている女性が結婚する際、「信仰の対象としての神仏」と「結婚相手としての夫」と〝二人の主人〟に仕《つか》えることになると思います。

信仰が篤《あつ》く、宗教活動に専念する場合、夫が嫉妬《しっと》してしまったり、家庭のことが疎《おろそ》かになってしまったりするケースもございます。また一方で、夫第一になってしまっては、神仏への信仰が正しく立たないこともございます。

このような場合のバランスの取り方について、お教えいただきたく存じます。

神に仕《つか》える女性は、「人類最古のキャリアウーマン」

大川隆法　まあ、世の中がすべて同じようでなければならない理由はありません。キリスト教における修道院《しゅうどういん》や、仏教における尼寺《あまでら》等ございますように、神様・仏様に仕《つか》え、それを一生の仕事にしていこうと思われる人であれば、女性であっても、独身を貫《つらぬ》くほうが「プロ」であることは確かです。

一般的《いっぱん》に、「プロ」とはそういうものでしょう。やはり、結婚して夫に仕えながら、神様・仏様にも仕えようとしても、中途半端《ちゅうとはんぱ》なかたちになるのは事実です。

したがって、本当の「プロ中のプロ」には十人に一人もならないとは思いますが、やはり、神様のため仏様のために独身でお仕えするというのが本筋《ほんすじ》であると言えます。尼や修道女、巫女《みこ》など、そういうものが本職である場合には、そのようなかたちになると思うのです。

これは、どこの世界にも、いずれの時代にも、必ず存在しているものなので、そうした世間的《せけん》なものをあまり配慮《はいりょ》したり考えたりしていると、本業に勤《いそ》しむことができないようなことになりかねません。

プロフェッショナルとして、神様に仕える女性、あるいは仏様に仕える女性というのは古代からいて、いわば、「人類最古の職業婦人」ではあるわけです。同様に、男性の場合も、結婚を断念する人が多かったと思います。

そのように、男女共に、神仏に仕えるために結婚せずに独身でいるということは多く、その場合には、自分の時間を二十四時間、神のため仏のために使うことができるわけです。

結婚する場合は、やはり、夫のためや子供のため、あるいは、家族のために使う時間が多くなりますし、また、自分自身の勉強も十分にできず、神仏への奉仕《ほうし》というのも限られたものになってきます。

実際上、そのようなことはあるものとして知っておかなければなりません。

現代においても出家者《しゅっけしゃ》であっても結婚《けっこん》する人が多い理由

もちろん、大多数の人々は在家《ざいけ》型の生活をしているでしょうし、今では、宗教関係者であっても、そういう生活をしている人は多いでしょう。

また、在家スタイルの信仰をしている人が増えてきているのも事実です。仏教であれば在家仏教型、キリスト教であればプロテスタントがそうかと思いますが、そういったものが主流になってきてはいるでしょう。

というのも、結婚《けっこん》しないでいると跡継《あとつ》ぎができないため、神社仏閣《ぶっかく》、教会、どこも潰《つぶ》れていく恐《おそ》れがございますからね。

プロテスタントのところでも、夫婦《ふうふ》でやっていることが多いと思いますけれども、やはり、子供には跡を継いでもらいたいという気持ちはあるでしょう。

お寺にしても跡取りが必要であり、誰《だれ》もいなければ潰れてしまうわけです。お寺にはだいたい本山《ほんざん》があって、そこからお寺を与《あた》えられたかたちになっていることが多いと思います。したがって、跡を継ぐ者がいなければ、ほかの人が派遣《はけん》されてくることになるため、そこを出なければいけないことになって、結局、職業としては続かないことになります。

そのようなわけで、今の日本においては、出家者《しゅっけしゃ》であっても結婚を認められているケースが多いのではないでしょうか。

お互《たが》いの信仰《しんこう》が同じでも、レベルに差があるときは?

それから、夫婦で信仰《しんこう》を持っている場合でも、そのレベルには差があると思うのです。

夫婦として非常に熱心な場合には、お互《たが》いに一歩譲《ゆず》って、自分自身の我《が》を抑《おさ》えるというのも当然のことではあるでしょう。信仰者であるならば、本筋としては、「自分に奉仕してほしい」とか、「自分のためにもうちょっと尽《つ》くしてほしい」といった気持ちを少し抑え、神や仏のためにもっと時間を割《さ》くように努力するのは当たり前のことです。

普通《ふつう》の人間のような文句《もんく》を言ったり、「お金がもったいない」「時間がもったいない」などと言ったり、あるいは、男女関係のようにやきもちを焼いたりするようなことを差し控《ひか》えるのは言うまでもないことで、それが、よくできた信仰者としての在家スタイルだと思います。

そこまで行っていない人の場合には、信仰活動をするにつけて、やはり、家事に手を抜《ぬ》いたり、子育てに手を抜いたり、夫あるいは妻の世話を手抜きするといった関係になったときに、相手への欲求不満が溜《た》まってきて家庭騒《そう》動《どう》になることもあるでしょう。

家庭裁判所における離婚事由《りこんじゆう》のなかには、「夫婦の片方が宗教に非常に熱心になってしまい、家庭を顧《かえり》みなくなった」ということが、よく出てくる事由の一つに数えられているようです。

そういう意味では、「信仰の一致《いっち》」が極《きわ》めて望ましいとは思うのですが、信仰が一致していても、そのレベルや程度に差がある場合には、やはり、ぎくしゃくする面があるのではないでしょうか。

信仰しているところの教祖が男性である場合に、信者である妻が宗教活動ばかりしていて、よく家を空《あ》けていたり、夜もいなかったりすることが多いと、不審《ふしん》がる夫も多いでしょう。

その逆に、夫が家を空けてばかりいる場合もあるかもしれません。女性の教祖のところ、あるいは、その宗教の集《つど》いに出ると女性がたくさんいるということで、「本当に宗教活動をしているのか。それとも、サロンのような感じで、いろいろな人とお付き合いができるのを楽しんでいるのか。そのあたりがよく分からない」ということで嫉妬する人もいるかと思います。

そのように、凡人《ぼんじん》としては嫉妬心が極めて出やすいところもあるでしょうから、やはり、自分自身の心の分限《ぶんげん》というものを考えなければなりません。嫉妬が出る面はあるにせよ、それが許される範囲《はんい》はどの程度かということを、自分自身でよく考える必要があるのではないでしょうか。

結局は、「自分はどのような魂《たましい》なのか」を知る旅

あとは、「自分自身は、どのような魂《たましい》としての人生を望み、来世《らいせ》を望んでいるのか」ということに対する見切りもあるでしょう。この世的なほうに強

く惹《ひ》かれれば惹かれるほど、魂としての進化度は低いであろうし、来世の使命も低かろうと思いますので、やはり、「自分自身を知る」ということが、とりもなおさず、「夫婦」と「信仰」に割く時間やエネルギー等との関係を見ることにもなります。

例えば、男性が熱心に宗教活動をするに際して、もし、妻が唯物《ゆいぶつ》的で、この世的なほうに関心が非常に強く、それを単なる無駄《むだ》なことであると思っているならば、夫婦間のいさかいは絶えないでしょう。

逆に、妻のほうが宗教心が深く、「これは大変なことになった。一生懸命《いっしょうけんめい》にやらなくては」と思っているのを、夫が唯物論的、理系頭脳的な感じで捉《とら》えて、「そういうものに対しては、あまり科学性を感じない」というように冷めた目で見ているような場合には、やはり、齟齬《そご》を来《きた》すこともあります。

極端まで行くと、こういうものも離婚の事由になってくることはあるかもしれません。

そのようなわけで、夫婦生活だけでも大変なのに、ここに信仰がかかわってくるとなると、それは、その人の人生観、根本的な価値観の問題にもなってくるので、いずれにせよ、「自分とは何者であるか」ということを知る旅になるのではないでしょうか。

したがって、「耐《た》えられる範囲か、耐えられる範囲を超《こ》えるか」というところについても、やはり、何度かの〝試《ため》し〟は来るのではないかと思います。

夫を偉《えら》くするという意味での「あげまん」はあるかもしれませんが、今世《こんぜ》においては、例えば、社会全般が唯物化し、世俗《せぞく》化しすぎていることもあって、夫の会社の仕事、あるいは夫自身の仕事を支えることが、必ずしも神仏の道と合わないような場合もあるでしょう。このあたりのことについては、自分の心の強さの問題もあるので、「耐えられる範囲か、耐えられない範囲か」というところはあります。

特に、宗教などにかかわると、さまざまな人との交流もありますので、人付き合いの下手《へた》な人、選《よ》り好みをして、自分とごく相性《あいしょう》の合う相手としか交流ができないタイプの人の場合には、いろいろな人を愛したり尽くしたりするような活動がなかなか自分に合わず、「そこから逃《に》げたい」という気持ちが強く出ることもあるのではないでしょうか。そういう場合はけっこう厳しいと思います。

「先生」と呼ばれる専門職に就《つ》く人の場合

それから、男女問わず、この世においては、別な意味で「先生」と呼ばれるような職業に就《つ》いている場合もあるでしょう。それぞれの職業における専門筋で、「先生」という呼称《こしょう》が付くような職業の人の場合には、多少、信仰心に似たようなものが立っていることがございます。

例えば、医者などは信仰心に似たようなものを求めているかもしれないし、政治家もそういうものを求めているかもしれないし、経営者も、やはり、社員に対して、信仰心にも似た忠誠心のようなものを求めているかもしれません。

そのように、職業上、疑似《ぎじ》宗教的な立場が出てくるものもあります。「そういうものが、どれだけ同居できるか」ということについても、難しいところはございます。

「人間関係の調整」と「自我《じが》の抑制《よくせい》能力」が必要

そういう意味で、一律に言うことは無理かとは思いますが、結局は、「自分はどういう魂なのか」ということと関係があるわけです。「神仏に心からのご奉仕をしなければ、やはり、今世の使命は果たせない」と、強く思っているような魂の場合には、それに釣《つ》り合うような魂と共同歩調を取らないかぎり、夫婦関係のようなものは、あまりうまくいかないことが多いのではないかと思います。

いずれにしても、「他の人との人間関係の調整」と同時に、「自我をどのくらい抑《おさ》えられるか」という自我の抑制《よくせい》能力、これはおそらく宗教的な仕事も関係があるとは思うのですが、そういう能力が必要なのではないでしょうか。

Q3　結婚後《けっこん》の「孤独感《こどく》」、どうやって克服《こくふく》?

C　少し具体的な質問になりますが、「結婚後《けっこん》、家庭に入る女性の孤独《こどく》や不安への対処法」についてお伺《うかが》いします。

結婚しますと、要はそれまでの生活とは打って変わり、例えば、仕事を辞《や》めたり、新しい土地に住んだりすることに伴《ともな》って、一人になる時間が増え、しばしば孤独を感じることもあります。また、結婚後の夫婦《ふうふ》にとっては、新しい生活ということで、初めてのことが多く、分からないことが次から次へと出てきて、不安を抱《かか》えていることも多々あると思います。

一方、夫のほうも非常に忙《いそが》しく、仕事のことで頭がいっぱいで、なかなか妻の相談に乗れないといった状況《じょうきょう》に陥《おちい》りがちです。

このような場合における「孤独」や「不安」といったものを、どのように考え、克服《こくふく》していくべきか、アドバイスがありましたら、お教えいただきたいと思います。

「夫の仕事、知りたがり妻」と「共通部分を大事にする妻」

大川隆法　この問題も難しいところはありますね。

会社、あるいは、それに似た組織に勤めている人の場合、やはり、そこはそこで一つの組織の論理がありますので、それぞれに家庭を持っているとはいえ、それをあまり持ち込《こ》みすぎてはうまくいかないところはございます。

例えば、朝、妻から、「今日は、晩ご飯《はん》が要《い》るのか要らないのか」と訊《き》かれても、夫としては、そんなことは朝の段階ではなかなか決められないわけです。

夕方になってから誘《さそ》われたり声をかけられたりすることもあって、無下《むげ》に断ると、いろいろなところで、将来に響《ひび》くこともあるでしょう。会社のなかには派閥《はばつ》のようなものもあるし、あるいは、自分を気にかけてくれる上司や先輩《せんぱい》もいるし、後輩の面倒《めんどう》を見なければいけないこともあるし、それこそ、後輩の結婚相談等を受けなければいけないときもあるわけです。

そのように、何が起きるか分からないので、朝の段階では一概《いちがい》に言えないところがあります。

ただ、帰ってこないことが多かったり、予定が狂《くる》ってばかりいたりするような夫の場合には、妻のほうもだんだん疑心暗鬼《ぎしんあんき》になってくるかもしれません。夫が夜遅《おそ》くに帰ってくると、とにかく、その日一日にあったことをしゃべらずにはいられないという妻もいるでしょう。

そのように、仕事の中身を知りたがる妻もいれば、そういうものにはある程度の諦《あきら》めを持って、自分の世界のなかで生きながら、夫と共通する部分のところを大事にしていく妻もいるでしょう。その両方のタイプがありえるとは思います。

いずれにしても、「人生修行《しゅぎょう》の一つ」であることには違《ちが》いありません。

何か仕事をしていた女性であれば、結婚を機にそれを辞めた場合、自分の持っていた世界が一つ〝消えて〟しまった部分を、「夫との世界」に求めていこうとしがちであるものの、夫のほうは夫のほうで、この世とのつながりをすべて消すわけにもいかないところはあります。

まれには、夫が研究者であったり、自宅でできるような仕事をしている人であったりする場合もありますが、これにもよし悪《あ》しはあるでしょう。「夫がいつも家にいる」ということになると、夫が仕事をしている以外の時間なのか、共同生活をしている時間なのか、あるいは暇《ひま》な時間なのかが、よく分からない面もあります。

夫が家にいる場合には、夫を〝雑用係〟に使う妻もけっこう多いわけです。「自分は出かけてくるから、子守《こもり》をするように」「〇〇が足りないから、買ってきておいて」「お出かけしてくるから、お風呂《ふろ》を沸《わ》かしておいて」といった具合に、どんどん仕事が増えてくることもありますので、必ずしも、「家で仕事をしているから、うまくいく」とは言えないところがあるでしょう。

男女共に、結婚《けっこん》後は「役割の違《ちが》い」に目覚めないと

もちろん、職業も立場もそれぞれに違《ちが》うので、一概に言えるものではありませんが、いずれにしても、最後は「人間としての賢《かしこ》さ」の問題に帰着するのではないでしょうか。

何かで突出《とっしゅつ》した業績をあげようとするならば、やはり、〝しわ寄せ〟は必ずどこかに来るので、「そうしたしわ寄せの部分を吸い取るだけの力が家庭にあるかどうか」というところは大きいと思うのです。

夫の仕事が非常に難しいものであったり、忙しかったり、あるいは、普通《ふつう》の人であれば重圧で潰《つぶ》れてしまうようなものだったりした場合には、その〝歪《ひず》み〟は必ず家庭に来るはずです。したがって、それを〝吸収できるだけの力〟があるかどうかというところは、結果的に見れば、妻として試《ため》されている部分もあるでしょう。

また、夫の仕事が、それほど難しくないもの、平凡《へいぼん》な仕事である場合には、その分、子供に期待をかけるほうへ行って、子育てにたいへん熱心な妻となることもあるかもしれません。ただ、子育てのほうにあまり狂奔《きょうほん》しすぎると、大したことはないと思っていた夫の仕事にまで悪影響《あくえいきょう》が出てきて、一家の将来に対して大きな影《かげ》が差すこともございます。

なかには、競争心の強い妻もいて、「夫がしたことは、自分もする」というように、ことごとく同じようなことをする人もいるわけです。

「夫が飲み会に行ったから、自分だって昔の友達と飲み会に行く」とか、「夫が『温泉旅行に行く』と言うから、自分だって出かけよう」とか、「夫が『会社の友達とテニスに行った』と言うので、自分だってテニスクラブに入りたい」とか、まるで競争しているかのような夫婦も世の中には存在します。

そのように、〝男女で競争するカルチャー〟というのは、進学校等によくあるようなカルチャーではあるので、そういうものの延長で現在まで来ているのではないでしょうか。

今、ＬＧＢＴ等、いろいろと難しいこともありますけれども、ある意味で、結婚《けっこん》を契機《けいき》にして、「女性ということに目覚めなければいけないとき」があ

●ＬＧＢＴ　レズビアン（女性同性愛者）、ゲイ（男性同性愛者）、バイセクシャル（両性愛者）、トランスジェンダー（心と体の性が一致しない人）などの性的少数者を指す。

るのではないかと思うのです。

確かに、学生時代であれば、男女の区別もなかったかもしれないし、とりあえず、勉強ができればほめられたり、部活動で活躍《かつやく》すればほめられたりしたことはあったと思います。しかし、結婚することによって、ある程度、役割の違いに目覚め、女性として開花することが大事なのではないでしょうか。

そういう面は、もちろん男性にもあるだろうと思います。結婚することによって、男としての使命感、責任感といったものに目覚めて、いっそう男らしくなったり、頼《たの》もしくなったりする方も出てくるはずです。ただ、結婚の重圧に潰されてしまい、独身のときには立派に見えた方が、「現実には、こんなに頼りない人なのか」と思われるようなこともあるかもしれません。そのように、いろいろとあるとは思います。

いずれにしても、学校教育では教わらなかったことではありましょうが、女性は結婚を契機に、女性として目覚めることが大事ではないかと思います。これは、「心の方向性」の問題ではあるのです。

「男女の競争」を家庭のなかに持ち込《こ》まないこと

したがって、学生時代に持っていたような、進学校カルチャーにある「男女の競争」といったものを家庭に持ち込《こ》まないことが大事でしょう。

例えば、共通の趣味《しゅみ》があったり、専門分野が近かったりしたために、仲良くなって結婚するケースも多いとは思うのですが、それがあまりにも競争的なものになると厳しくなります。

学者の世界でも、夫婦揃《そろ》って学者という方もいますが、それでうまくいく場合もあるとはいえ、妙《みょう》に競争心が残っているために、うまくいかない場合もあります。特に、女性のほうが活躍し始めると、男性のほうのプライドが耐《た》えられなくなることも多いでしょう。もちろん、逆に〝ナイト（騎士《きし》）〟と化して、奥《おく》さんを送り出すことに喜びを感じるような男性もいることはいるので、このあたりについては難しいところはあるかもしれません。

ただ、学者同士の場合は、なるべく研究のジャンルがズレていたほうがよいとは思います。重なっていると、どうしても優劣《ゆうれつ》が出すぎる面があるのではないでしょうか。

あるいは、女性にも経営者的な能力を持っている方もいるので、男性と一緒《いっしょ》に事業などをしていても意見が分かれることはあると思います。

その場合、伝統的にある程度、法則化されている仕事であればよいでしょう。

例えば、旅館や料亭《りょうてい》のように、「女将《おかみ》」というかたちで女性のやるべき仕事が決まっていれば、夫のほうは一歩下がって、後ろで採算を見たり、厨房《ちゅうぼう》の責任者をしたりすることもあります。やはり、女性が前面に立たないと人気が出ないような職業もあるので、そういうところでは住み分けができているとは思うのです。

ただ、そのような体制になじめないタイプの人には、それなりに厳しいことが起きるかもしれません。そして、この世での不適合が起きた場合、現在では「離婚《りこん》」や「再婚」も多くなっています。また、それも一概に悪いとは言えず、そのほうがよい場合もあるでしょう。

例えば、老舗《しにせ》旅館の娘《むすめ》で、女将として跡《あと》を継《つ》がなくてはいけない立場にある人が、頭のいい男性が好きだからということで、学生時代から一緒だった人と結婚したとします。ところが、その男性が中央官庁に勤めており、夜中まで帰ってこないとか、明け方に帰ってくるとかいうような場合、どうなるでしょうか。

女性のなかにも、「夫が家にいないから楽でいいわ」と開き直れる方もいるかもしれません。しかし、まったく家の役に立たないとなれば、やはり、「そんな人よりも、料理人出身で旅館を支えるなり、経営を見るなりしてくれる人のほうが一緒にやっていきやすい」と思うようになるでしょう。結局、どこかで衝突《しょうとつ》して、乗り越《こ》えられなくなるのではないかと思うのです。

ただ、ある意味では、それも一つのお導きではあるので、自分にふさわしい相手と組み替《か》えることもしかたがないのかもしれません。特に、今世《こんぜ》の人生は少し長くなっているので、職業設計上、うまくいかない場合もありえるとは思っています。

孤独《こどく》のなかで〝蜜《みつ》〟をつくる

いずれにしても、新しい〝応用問題〟に対して、どのように道を切り拓《ひら》いていくかが試されることになります。それは、学校で一斉《いっせい》授業を受け、一斉テストをして試される以上のものでしょう。なぜなら、さまざまな職業において、個別具体的な応用問題を解かなければならなくなるからです。

その意味で、「人間としての賢さ」には、この世的な側面もあるとはいえ、やはり、「悟《さと》り」の姿として求め続けなければいけないところもあるのだと思います。それを十分に考えた上で、自分なりの一手を指していくことが大事なのではないでしょうか。

もちろん、才能ある女性が、「自分の才能の一部を割《さ》いてでも支えたい」と思える男性に巡《めぐ》り会えたら、それは幸福だとは思います。しかし、「そうしたことは無駄《むだ》だ。自分自身の才能を少しでも花開かせなければ、今世、納得《なっとく》ができない」と感じるようであれば、葛藤《かっとう》は免《まぬが》れないかもしれません。

なお、「孤独《こどく》」に関しては、人間にとって一生ついて回る問題ではあります。

例えば、学生時代であっても、勉強をしているときには孤独であろうし、職業に就《つ》いても、独身のときは孤独であろうと思います。そして、晩年にも孤独のときは再び訪《おとず》れるわけです。「子供が巣立っていく」、「夫が先に死ぬ」、あるいは「妻が先に死ぬ」というようなことは、よくあることでしょう。中年期の四十代ぐらいで夫を亡《な》くしたり、妻を亡くしたりする方もたくさんいるのです。

したがって、孤独というものは、人生の課題の半分を占《し》めているものだと思わなければいけません。やはり、「孤独の時間のなかで、いったいいかなる蜜《みつ》をつくるか」が大事なのです。そして、その蓄《たくわ》えた〝蜜の部分〟が智慧《ちえ》となって、人間として一段と成長することになるのではないかと思います。

Q4　どう両立すればいい？「夫の家庭の伝統」と「新しいチャレンジ」

D　子育てについて質問します。

結婚《けっこん》後には、子育てがテーマとして出てきますが、自分と夫との家庭環境《かんきょう》では、文化や習慣など、いろいろなものが違《ちが》います。妻としては、自分の育った環境での経験値しかない場合が多いので、夫の家庭に入って子育てをする際に、不安を感じることもあるかもしれません。

夫の育った家庭環境にうまくなじんで子育てをしていく上での心構えや、気をつけておくべきことなどがありましたら、お教えください。

「職業で身についた見識《けんしき》」と「親からの価値観」

大川隆法　現代的には、結婚によって新しい家庭をつくり、新しい文化をつくっていく傾向《けいこう》が強いので、夫婦《ふうふ》それぞれが生まれ育ってきた環境にあったものを、ある程度、捨てなくてはいけないことのほうが多くなっているように思います。

ただ、それでも「抜《ぬ》きがたいもの」はあります。なぜなら、人間性については、女性であれば二十歳《はたち》ぐらい、男性であれば三十歳《さい》ぐらいまでに決まってくるとも言われていますが、その部分があるからです。

なお、男性の場合は、父親や母親から教わったことがいろいろあっても、職業を通じてだんだんに見識《けんしき》が変わってきて、ある程度、距離《きょり》を取れるようにもなります。

ところが、女性の場合、学校教育が終わったあとに社会経験を積んでいく方もいるとはいえ、そこまで行かずに結婚生活に入ってしまうこともあるでしょう。そうなると、親から教わった価値観や考え方が、けっこう支配的なものになるので、変えるのはそうとう難しいと思います。

それを〝ゼロ〟にして、新しく何かをするのも大変でしょうし、かといって、夫が手取り足取り全部、教えてくれるわけでもありません。実際上、夫としても、「どうしたほうがよりベターなのか」と問われたところで、答えられないこともあります。例えば、子供の教育にしても、本当はどうしたほうが効果があるのかは分からないでしょう。

子育て一つ取ってみても試行錯誤《しこうさくご》はあると思います。やはり、夫の価値観とまったく同じにはならないのです。

「柔軟《じゅうなん》な心」「学び続ける心」を持ってみる

これらを踏《ふ》まえた上で、一つだけ、はっきりと言っておかなければならないことがあるとしたら、それは、「柔軟性《じゅうなん》」の大切さです。あるいは、「柔軟心」と言ってもよいかもしれません。こうした柔軟な心を持ち続けることが大事です。

それは、変化し、吸収し続ける心であるし、別な言葉で言えば、新しいものを学ぼうとする心でしょう。

その反対に、「自分はこう教わったから、こうなんだ！」ということを言い張るだけでは、〝現代的シャットダウン〟としか言いようがないわけです。

もし、親と同じ職業を同じところでずっと続けていくなら、「学校でこう教わった。親からこう教わった。だから、これが正しいんだ」という考え方のままでいけるかもしれません。しかし、状況《じょうきょう》が変われば、それでは済まないだろうと思います。また、たとえ同じ職業を継《つ》いだとしても、時代の変化に伴《ともな》って、技術や専門知識も変化していくので、うまくいかないことはあるわけです。

したがって、男女共に言えることではありますが、「柔軟心」を持たなければいけないと思います。

同業であるがゆえに、親子でけんかになることも

例えば、医者という職業の場合、父親が三十歳ぐらいで結婚して子供ができたとすれば、一世代、三十年以上開いた親子関係になることが多いでしょう。そうなると、子供が医者になったときには、父親の代の医学と、息子《むすこ》や娘《むすめ》の代の医学とでは、そうとう違っていて、ずいぶんズレが生じるわけです。

おそらく、歯医者などでも同じではないでしょうか。

そのため、同業であるがゆえに、親子でけんかになることも多いらしく、すぐには跡《あと》が継げない場合もあるのです。やはり、勤務医として一般《いっぱん》社会に出て、ほかの人に叱《しか》られたり教わったりしながら、柔軟にお仕《つか》えするような技術を勉強する必要もあるかもしれません。あるいは、医者になるにしても、専門を少し変えるなどして、衝突《しょうとつ》しないで済むような選択《せんたく》もありえると思います。

もちろん、ほかの職業でも同じであって、政治家にしても、親子で見解が変わってくる場合はあるでしょう。宗教においても、そういうことは起きるかもしれません。

したがって、「柔軟な心」、あるいは「新しく学習する心」を、年齢《ねんれい》にかかわらず持ち続けることが大切です。やはり、それぞれの人間として個性が違う以上、また、時代が変わっていく以上、変化していくものもあるわけです。

時代が変化するなかで、「変化してはならないもの」を見極《みきわ》める

ただし、変化するなかにおいて、「変化してはならないもの」と「変化してもよいもの」とを見極《みきわ》め、区別しなければなりません。やはり、それができる人が賢《かしこ》い人間なのです。なぜなら、「変化してはならないもの」もあるからです。

例えば、「歌舞伎《かぶき》」や「能《のう》」といった伝統芸能であれば、まずは「変化してはならないもの」を徹底《てってい》的に仕込《しこ》まれることが普通《ふつう》だろうと思います。そして、変化してはならないものをマスターして、師匠《ししょう》である親から教わったことを、学んだとおりにできるようになるのが前提なのです。これができない人は、そもそも跡継ぎにはなれずに追い出されることになるでしょう。したがって、変化してはならないものは何かを学び、その上で時代の変化に合わせていかなければなりません。

最近では、歌舞伎でも新しい試みとして、アニメで流行《はや》っている作品や外国の作品などを題材として取り入れてもいます。こうしたことは、従来の歌舞伎からすると、なかなか納得《なっとく》しがたいものではあるでしょう。しかし、伝統的なものをマスターしているという前提の下《もと》で、新しい客を呼ぶために、若い世代にも人気が出るようなものを、ときどき試みているわけです。

「極付印度伝《きわめつけいんどでん》 マハーバーラタ戦記」（脚本：青木豪《あおきごう》／演出：宮《みや》城《ぎ》聰《さとし》）

「スーパー歌舞伎Ⅱ ワンピース」（原作：尾田栄一郎《おだえいいちろう》／脚本・演出：横内謙介《よこうちけんすけ》）

確かに、そういう挑戦《ちょうせん》はありましょうし、変化するものに対してチャンスを窺《うかが》わなければならないところもあると思います。要するに、伝統だけを墨守《ぼくしゅ》していても潰《つぶ》れてしまう場合もあるということです。

もちろん、伝統は伝統として学ぶことは大事であり、落語であっても、まずは「古典落語」をしっかりと勉強する必要があるでしょう。古典落語をできない人が「新作落語」ばかりをやったところで、たぶん駄目《だめ》だと思います。やはり、古典落語をきちっと学んだ上で、時代の変化を捉《とら》え、新作落語に挑《ちょう》戦《せん》することが大事なのです。

結局、その「按配《あんばい》」と「見切り」「判断」といったものが、〝人間としての出来・不出来〟や、あるいは、〝賢いか賢くないか〟という問題にかかわってくるのだと思います。さらに、それで生じる「結果」については、自分自身が享受《きょうじゅ》しなければなりません。

「信用の確立」が「新しいチャレンジ」への大切な鍵《かぎ》

また、たいていの場合、親の側は、スタイルを変えられるのを嫌《いや》がるものです。したがって、親が「ここまではできてほしい」と言うところまでは到《とう》達《たつ》しなければいけないだろうと思います。

ただし、自分の信用が高まってくれば、それを超《こ》えて、自分なりに許される範囲《はんい》が少しずつ出てくるわけです。その部分をよく読んで、八割は押《お》さえつつ、あとの二割の部分については、「時代の要請《ようせい》」や「若い人の流れの部分」を少し取り入れてやってもよいのではないでしょうか。

そのように見切れる〝年代〟もあるはずです。要するに、それは、「自分の修行《しゅぎょう》」がだいたい終わり、「プラスアルファ」として、父親や母親の代にはできなかったものを試みる環境が出てきたときです。

なお、それを見切って、さらに踏み込めるかどうかは、企業家《きぎょうか》としてのチャレンジの部分だろうと思います。そして、それで「成功する場合」と「失敗する場合」の両方の可能性があるわけですが、そこについては自分で責任を負うしかありません。

ただ、一般の会社においても、潰《つぶ》れるサイクルが非常に速くなっている以上、技能や技術、伝統的な芸能に関するものであっても、続くか続かないかには非常に厳しいところがあるのではないかと思います。

やはり、スタート点としては、子供時代に親から習ったものを持っていたほうが、何もできないよりはよいでしょう。

しかし、そのとおりにやってみて不適合が起きるなら、それに対して、いろいろと調整を加えていくだけの智慧《ちえ》が求められるかもしれません。あるいは、ある意味での「諦《あきら》め」も大事だろうと思うのです。

例えば、食事にしても、育った環境が「薄味《うすあじ》」だったか「濃《こ》い味」だったかで、味覚自体が違う場合もあります。幼少時に培《つちか》われた味覚は、後々《あとあと》まで続いていくものなのです。その場合、もし、どうしても夫婦の味覚の違いが気になるのなら、食事をつくり分けるぐらいの努力は必要でしょう。それは、統一しようとするほうが無理な場合もあると思います。

やはり、人生においては、柔軟であり、変化に対して心を開いていく姿勢が必要です。また、ベーシックな分野については、学ぶべきものはきちっと学んでいくことを前提としつつ、自分なりの信用が確立してから新しいテーマに挑戦すべきだろうと思います。その〝キャパシティ〟がどの程度まで許されるかを見切ることも、人間としての智慧であるのです。

そういうことを、よく考えてみてください。

とにかく、〝ワンパターン〟に押しつける感じのやり方は、考えものでしょう。夫にしても妻にしても、それが幸福だと思いがちではありますが、そうではありません。むしろ、「新しい文化ができてくることはしかたがない」と考えるぐらいでちょうどよいのではないかと思います。

Q5　ああ、「嫁姑《よめしゅうとめ》問題」!!　どう乗り越《こ》える?

Ｅ　結婚《けっこん》の問題として、「嫁姑《よめしゅうとめ》の問題」は、どの時代にもついて回るものだと思います。

昔であれば、「嫁《とつ》ぐ」ということは、「その家の一員になる」ということであり、義父や義母、親族の方々との人間関係の調整能力も求められるものであったと思うのです。

しかし、現代は、「家に嫁ぐ」というわけではなく、「個人と個人で結婚をして、夫婦《ふうふ》生活を営《いとな》むことができれば、それでいい」ということで、人間関係のところが希薄《きはく》になってきているように感じます。

その結果、舅《しゅうと》や姑のほうからは、「なかなか孫の顔が見られない」といった不満も出ますし、嫁のほうからは、「あまり口出ししてほしくない」という不満も聞かれます。

こういうテーマが現代ではとても多いのではないかと思うのですが、このあたりの人間関係の交流については、どのように解決をしていけばよいでしょうか。

若い世代が知らない考え方とは

大川隆法　人間関係のなかでも、嫁姑の問題は、昔から難しいことで有名なテーマではあります。

従来は、「折り合いをつける」、あるいは「忍耐《にんたい》をする」という面がどうしてもあったと思うのですが、そのようにしていた理由は、現代では失われてきたもの、すなわち「代々、先祖供養《くよう》をしてもらわないと困る」という考え方があったからです。昔は、跡《あと》を継《つ》いでいく人たちに対して、「自分たちが亡《な》くなったあと、供養してもらわないと困る。代々のお墓《はか》や位牌《いはい》等を、きちんと守ってもらわないと困る」という考えがあったのです。

結局、自分も親となって嫁を迎《むか》えるに当たっては、「わが家《や》の嫁としての躾《しつけ》をして、きちんとその一員になってもらわないと、自分が亡くなったあとに供養してもらえない」ということになりかねません。したがって、それが連綿と続いていくためには、「家風《かふう》を守る」というかたちで、薫習《くんじゅう》するように教え込《こ》んでいくことが大事だったのでしょう。

ただ、そうした先祖供養の考えは、今はもう極《きわ》めて薄《うす》くなっており、社会的な流動性、移動性が高まると同時に失われてきています。また、お墓や仏壇《ぶつだん》もなくなりそうな気配《けはい》が漂《ただよ》っています。

例えば、「マンション族であり、転勤族である」という人が多くなってくると、だんだんそのようになるでしょうし、親の死に目にも会えないような、海外暮らしの長い子供も多くなってきているわけですから、その意味で、「昔の考え方が破れつつある」ということは言えるでしょう。

もちろん、「今さら苦労をするようなところに嫁ぐよりは、自由なほうがいい」というような考え方もあるとは思います。これは、教育において、倫《りん》理《り》観のようなものを教わらなくなったせいかもしれません。家庭教育においても、学校教育においても、そういったことは教わらないことが多いでしょう。

「嫁《よめ》に来たわけではない。結婚《けっこん》したのだ」と言った前妻《ぜんさい》

今日のテーマからはやや外れるかもしれませんが、私が最初の結婚《けっこん》をしたとき、前妻《ぜんさい》は、「嫁《よめ》に来たわけではない。結婚したのだ」と言っていました。要するに、「憲法の下《もと》に男女平等であり、夫婦の合意に基《もと》づいて結婚して新しい家庭ができたのだから、親は関係がないのだ」というわけです。

そのため、両親に関するものは、結婚した段階でスパッと消えてしまいました。やはり、それ以外の自己表現ができない人と結婚した場合、どうしようもありません。それまで両親との関係は良好だったのですが、結婚するや否《いな》や、それがスパッと切れてしまったのです。このあたりについては、両親にとって、十数年の苦しみになったのではないかと思っています。

確かに、戦後の新しい憲法や学校教育には、そういう面はありましょう。「結婚というのは、嫁に来たのではない。別個の家庭をつくるために、独立して男女が一緒《いっしょ》になったのだ」という考え方があるとは思うのです。

特に、現代的女性のなかには、こうした考え方を主張する人もいます。そして、「その考え方に妥協《だきょう》しなければ、すぐに離婚《りこん》だ」という話になることも多いのです。自立した女性には、立派なところもあるとはいえ、「家族としての絆《きずな》をつくる」という意味では難しい面があるかもしれません。

やはり、自立した女性には、「何か職業的に適性がある。あるいは、何か学問的に専門性がある」というような人が多いと思うのですが、それに打ち込んだ時間が長い分だけ、ほかの人たちと交流をするだけの心の余裕《よゆう》がなかったり、心のひだがなかったりする場合が多いのでしょう。

このあたりは難しいところだと思います。

「女賢《さか》しくして牛を売り損《そこ》なう」

また、私の父親も、私の独身時代に、「女の賢《かしこ》さというのは難しい」とか、「女賢《さか》しくして牛を売り損《そこ》なう」と、繰《く》り返し言っていました。「女性は、牛の値打ちが分からないために、かえって売り損なってしまったりする」という話がことわざにもあるわけですが、そういうことをよく言っていたのです。

要するに、「なまじ賢い女性は駄目《だめ》だ。ただ、ずっと賢い人はまた違《ちが》うのだ」ということでしょう。

確かに、ずっと賢い人というのはいるもので、そういう人の場合は全然違います。しかし、なまじ賢いと、剣《けん》を覚えたばかりの人のように、やたらめったら、けんかを売ったり、斬《き》ったりしたがるような気《け》があるのです。

やはり、本当に強くなってきたら、剣は抜《ぬ》きません。戦わないよう、けんかをしないようにうまくやり、剣を抜かないようにします。それは弱いからではなく、強い人になればなるほど、そうなってくるのです。

ところが、なまじ剣を覚えたばかりだと、「剣を振《ふ》って手合わせをして、どちらが強いか試《ため》してみたくてしかたがない」という気持ちになるのでしょう。「そのような面が、女性の賢さのなかにはある」ということを、私の父親などはよく言っていましたが、実際、そういう面はあるのかもしれません。

とにかく、女性には、自分の才能や美貌《びぼう》、その他、いろいろと〝レッテル〟はあると思うのですが、それをひけらかさずにはいられないタイプの人がいるわけです。

ちなみに、男性のほうも、あまり賢くない場合、そうした女性の才能や外見、その他、いろいろと、その人が過去に得た〝勲章《くんしょう》〟のようなもので評価してしまうことがあります。

例えば、「モデルをしていた」「美人コンテストに出た」とか、「お父さんがノーベル賞をもらっている」「学士院か何かの賞をもらっている」とか、「徳川《とくがわ》家につながる家柄《いえがら》である」「皇室の子孫《しそん》である」「旧華族《かぞく》の子孫である」とか、「父親は○○大学の医学部を卒業している」とか、いろいろあるわけです。

そのように、女性には〝看板〟というか見せるものがけっこうあるので、まるで展示された商品のようにパッと〝買って〟しまう男性もいます。しかし、それだけでは、なかなか分からないものはあるでしょう。

ともあれ、私の父は、「ずっと賢い女性はよい。だけど、なまじ賢い女性は難しいぞ」ということを言っていました。ただ、父は「馬鹿《ばか》な女性」については、何も言わなかったような気はします。

親からのアドバイス、意外に判断材料に

ちなみに、むしろ母親のほうが「馬鹿な女性」については、はっきり言っていたように思います。それについては、あっさりと数秒ぐらいで判断することが多かったのです。

例えば、母親は、私がいろいろな女性に会っていると、「こういう人は、あなたには合いません」と、スパッと言うタイプではありました。しかし、それは嫌《いや》らしい言い方ではなく、「息子《むすこ》を深く信頼《しんらい》し、かつ、息子の才能を深く頼《たよ》りにしているがゆえに、その阻害《そがい》要因になると思うものに対しては、非常に反応が速い」という感じでした。「これは駄目だ。やめておきなさい」と言う場合、その判断が非常に速かったのです。

もっとも、母親は「賢い女性がいい」と言っていたわけではありません。とにかく、私の阻害要因になるような面を持った女性に対しては、けっこう早めに、スパッと諦《あきら》めさせるようなことを言うわけです。

ただ、そうは言っても、「本人が『家出してでも結婚するようなところまで頑張《がんば》る。それだけの根性《こんじょう》を見せる』というならしかたがないかな」という気持ちも、一部では持っていたと思います。つまり、親が反対した場合に、息子が粘《ねば》るかどうかをきちんと見ていて、「そこまでせずに親の意見を受け入れるのであれば、その程度のものなので、それは違う人を選んだほうがいいだろう」というような感じだったのです。

結局、母親の言い分としては、どちらかといえば、〝外女《そとおんな》〟というか、外で評価を受けやすいギラギラしたタイプ、男から見たら「ああ、いいな」と思うような、男性の目を引きやすいタイプの女性に対する警戒心《けいかいしん》が、非常に強かったような気がします。「そういう人は駄目だわ」と、よく言っていました。後々《のちのち》、息子の出世に差し障《さわ》りが出てきそうなタイプの人に対しては、「やめておいたほうがいい」という感じで、スパッと言ってくることがあったのです。

「自分に見えていないこと」と「親に見えていないこと」

なお、母親は、先ほども述べたように、「賢い女性なら必ずいいか」というと、そうでもありませんでした。

例えば、以前、私と仲の良かった女性のなかには、医学部に行った人もいたのですが、そのことを母親に話すと、「賢いから、知性の高い者同士、惹《ひ》かれ合うところもあるだろうけれども、女医などというのは、いい奥《おく》さんにならないから駄目だ。やめなさい」というようなことを言うのです。

女医というのは、収入はあるものの、やはり忙《いそが》しいので、「自分のほうこそ〝お嫁さん〟が欲《ほ》しい」というような面もあるのでしょう。母親は、「うちの息子は、そういった女性にお仕《つか》えできるタイプの男性とは違う。だから、そういう人と結婚してはいけない」と見ていたわけです。

このあたりについては、父親もあれこれ言っていましたが、母親は父親に対して、「息子は、あなたとは違います」とはっきり言っていました。「あなたは、とにかく雑用でもやっておればいいのです。だけど、息子は違います。

息子は、きちんと中身があり、学《がく》があって、将来のある人なので、あなたとは違って、〝床《とこ》の間《ま》に飾《かざ》るような女性〟を奥さんにもらうべきです。あなたのように、職業婦人に養ってもらわないといけないような情けない男とは違うのです」と言っていました。

そのため、父も反発して、二人はよく口げんかをしていましたが、そのやり取りを聞いているなかにも、いろいろと勉強になることはあったのです。

もっとも、〝都会派〟の人というのは、本当のことはあまり言わないものかもしれません。ある意味で、そういうことを言うのは〝田舎《いなか》丸出し〟なのでしょう。

しかし、「この世において、親戚《しんせき》や近所などからどのように言われるのか」といった面をいろいろと知ったほうが判断材料になることも多いので、聞いておいて損はないとは思います。

文書　この用紙で本の注文が出来ます！

	冊
	冊
	冊
	冊
—	
— —	

振込
代引き
かにチェック
さい

郵便振込…振込手数料　窓口 130 円　ATM 80 円
コンビニ振込…振込手数料 65 円
代引き…代引手数料 320 円
送料無料　※但し、税込 540円以下の場合は別途送料 300円がかかります。

付先 03-5573-7701

注文⇒ 幸福の科学出版ホームページ 幸福の科学出版 検索
http://www.irhpress.co.jp/

フリーダイヤル 0120-73-7707「カタログを見た」とお伝えください
（月～土 9：00 ～ 18：00）

のお問い合わせも 0120-73-7707 までお気軽にどうぞ。

国家繁栄の条件

「国防意識」と「経営マインド」の強化を

「吉田ドクトリン」の呪縛を粉砕せよ。

デフレ脱却をめざす時に、「消費増税」は真逆の判断！北が核・ミサイル実験をしても、「憲法九条死守」を唱える愚かさ——。危機の本質と打開策がここに。　1,500円

危機のリーダーシップ

いま問われる政治家の資質と信念

政治家よ、これ以上国民を欺いてはいけない。

嘘やゴマカシ、そしてマスコミも巻き込んだ印象操作…… 言葉で国民をだます者に、人の上に立つ資格はあるのか。この国に必要なのは、清潔で勇断できる新しい政治。　1,500円

自分の国は自分で守れ

「戦後政治」の終わり、「新しい政治」の幕開け

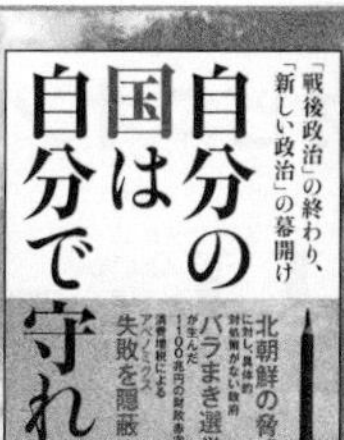

日本を滅ぼす政治は、もう終わりにしよう。

北朝鮮の核・ミサイル危機、1100兆円の財政赤字、アベノミクス失敗の隠蔽—— 嘘やごまかしにNO! 政府は失政の反省を。打算的な解散が、さらなる国家の危機を招く。　1,500円

ギネス世界記録認定

GUINNESS WORLD RECORDS

年間発刊点数 世界ナンバー1

大川隆法ベストセラーズ

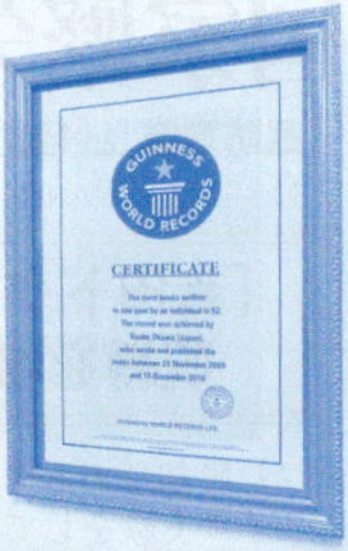

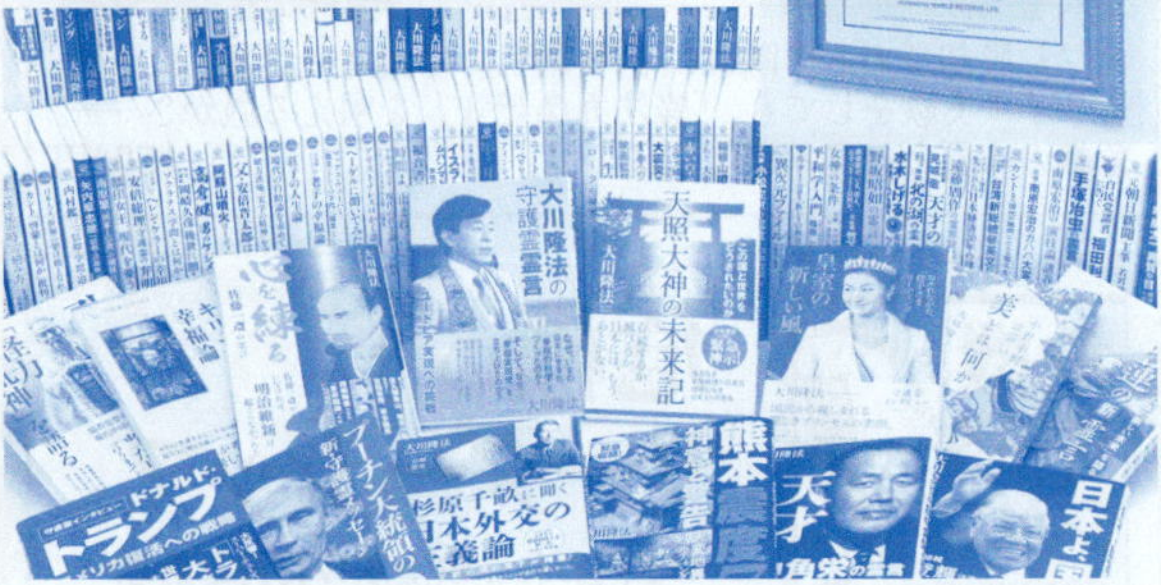

大川隆法総裁の年間書籍発刊数は、2011年ギネス世界記録に認定されました。(2009年11月23日～2010年11月10日で52書を発刊)さらに2013年は106書、2014年には161書が刊行され、歴史上の偉人や生きている人の守護霊を招霊する人気の「公開霊言シリーズ」も、450書を突破。発刊総数は28言語2300書以上。現在も、驚異的なペースで発刊され続けています。

オピニオン誌＆女性誌

毎月30日発売 定価540円

ARE YOU HAPPY?
アー・ユー・ハッピー？
どこまでも真・善・美を求めて

The Liberty
ザ・リバティ
この一冊でニュースの真実がわかる

TheLibertyweb
www.the-liberty.com
WEB有料購読：540円
(税込/月額継続)

「定期購読」が便利です。
(送料無料)

フリーダイヤル 0120-73-7707
(月～土 9：00～18：00)

それでも、「自分には見えているのに親には見えていない」というところがあって、「親の反対を押《お》し切ってでも結婚したほうが、おそらくいい」と思える場合もあるはずです。そのときは、自分の責任でやっていかなくてはいけません。また、相手の親が激しく反対する場合、「嫁として家に入り、家風を学んだり教わったりする」というようには、なかなかならないだろうとは思うので、その段階で核《かく》家族化する気は出ていると思います。

若かった嫁《よめ》が、姑《しゅうとめ》になると同じことを……

ただ、奥さんのほうに、先ほど述べた柔軟心《じゅうなんしん》や、「まだまだ勉強しよう」という気があって、「自分とは違う家風を持っている方に、厳しくしごいていただいても構わない」というだけの胆力《たんりょく》があれば別です。

その場合は、自分が、実の母親から教わったものとは違う流儀《りゅうぎ》等を学ばなくてはいけないこともあるかもしれません。

特に、謂《いわ》れのある家で、何か伝統的なものを持っているような相手と結婚する場合、その伝統の世界に入れなかったら、やっていくのは無理だと思います。例えば、呉服問屋《ごふくどんや》でもいいし、医者の家でもいいのですが、何か特殊《とくしゅ》な技能の世界に生きている人の家に嫁《とつ》ぐのは、やはり難しいでしょう。おそらく、将棋指《しょうぎさ》しの家に嫁《よめ》に行くのも、それほど簡単なことではないだろうと思います。

結局、新しい文化を学ぶためには、それを学び取ろうとする「意欲」と「謙虚《けんきょ》な気持ち」が大事なのです。そういうものがあれば、やれないことはないと思います。

ともかく、昔から、嫁姑《しゅうとめ》の争いはけっこうありました。たいていの女性はお勤めをしていなかったので、「家庭において、姑が事実上の管理職として、新入社員である嫁を鍛《きた》える」ということが多かったわけです。ところが、それで心に毒をつくったり、苦しみをつくったりしたこともあって、「嫁姑の争いは醜《みにく》い」と言われていたのでしょう。

ただ、嫁のほうも、姑が亡くなり、自分のところに新しい嫁が来ると、「自分がされたことと同じことをしてしまう」というケースも多いようです。あるいは、この段になって初めて悟《さと》るという面もあるのかもしれません。

会社でも「嫁姑《よめしゅうとめ》」と似たような争いが起こる

なお、これは嫁姑《よめしゅうとめ》の問題だけではなく、実は、会社でも同様です。

新入社員の場合、会社に入って三年目ぐらいまでは、先輩《せんぱい》にけっこういろいろ叱《しか》られるものですが、三、四年たてば、自分も先輩として新しく入ってきた後輩を教える側になります。すると、その人にもいちおう面子《メンツ》のようなものが出てくるので、かつての先輩がたも、昔、ガミガミ叱ったようには接しなくなっていくのです。要は、自分たちも、新しく入った人にまた一から教えるのは面倒《めんどう》くさいのでしょう。それで、新人教育を自分が教えた後輩に引き継ぎ、「彼から教わるように」と言ったりするわけです。

また、商社に入った私自身の経験では、「五年ぐらいの年次が開くと言葉が通じなくなる」という現象がはっきりありました。五年ぐらい上の人とまでなら言葉が通じるのですが、それより上の人になると、言葉が通じなくなるのです。おそらく、これは、どこでもあることではないでしょうか。

要するに、企業《きぎょう》のなかには、大学までで学んだものとは違い、業務知識や、その会社の専門用語、あるいは、不文律《ふぶんりつ》、規則、決まりといったものがあるわけです。それらが分からないために、言葉が通じなくなっています。

ただ、若い先輩は、そういう事情を知っているため、新入社員に対して、

「これはこういうことなのだ」と、嚙《か》み砕《くだ》いて教えてくれるのです。一方、十年先輩、十五年先輩、二十年先輩になると、そういう説明が面倒くさくて、「自分で考えろ」、「感じ取れ」、「空気を読め」ということぐらいしか言ってくれません。そこで、何人もの人に、「どういうことなのですか」と訊《き》いて回ったりすると、「あの人に訊いたあと、ほかの人にまた同じことを訊くのは失礼だろうが！」などと怒《おこ》られたりする場合もあります。私も、そのように右往左往《うおうさおう》した経験はけっこうありました。

あるいは、同じ仕事に精通しすぎるのも問題ではあります。同じことを長くやれば、誰《だれ》でもベテランになるので、そのまま偉《えら》くなった場合、「自分で全部判断できる」というような気になりがちなのです。ところが、ポジションを替《か》えられたとき、急に〝新入社員レベル〟に落ちてしまうことがあります。こうなると、難しい場合があります。

今は違うと思いますが、私が就職したのは、いわゆる女性の総合職があまりいない時代でした。ただし、同じ仕事を長くやってベテランになり、特別職といった感じで、〝管理職〟に上がっていくことはできていたのです。

例えば、「二十数年ずっと同じ仕事をやっていて、その間に課長が七人代わった」というようなベテランの女性もいました。しかし、新しく来た課長では、〝七代の課長〟に仕えたベテランの女性には何も文句《もんく》を言えないでしょう。ときには、そのベテランの女性から、「今度の課長は駄目ね」と言われて、すぐに代えられてしまうなど、立場が逆転するようなこともありました。

やはり、会社でも、一般《いっぱん》職と総合職ではいろいろ違いがあるので、難しいものです。幅広《はばひろ》く教えたい人には、熟練するところまでは行かなくても、まずはいろいろな部署を経験させて目を養わせようとしますし、そこまでする必要がない人には、一つの仕事を、ずっとさせることもあります。

ちなみに、女性に関しては、会社にとって有害になってきた場合、「仕事の職種を三つ変えさせると、だいたい辞《や》める」と、当時は言われていました。

確かに、そういうことはあるのかもしれません。

ベテランになるのはそんなに簡単なことではないので、一つのところで精通したと思って天狗《てんぐ》になっていても、課や部が変わったりしたら、とたんに仕事ができなくなったりするわけです。

そういう意味では、人間関係を上手にやらないといけないでしょう。あるところで威張《いば》っていても、別のところへ行ったら急にクシャッとなって、今度は、みんなから叩《たた》かれるようなこともあるからです。そのため、自分の仕事をしながらも、その周りについて、やんわりと、いろいろなことを学んでいく努力はしておいたほうがよいかもしれません。

「他人《ひと》から学べない人」は浅く、「学べる人」は力量が

ところが、今どきの女性は、嫁として家庭に入り、義母からいろいろ教わっても、「そうは言っても、どこそこはこうだ」、「雑誌にはこう書いてあった」、「最近の流行《はや》りはこうなんだ」などと言い返してくることもあります。

そのように、嫁が生意気《なまいき》だと、義母はだんだん教えたくなくなることもあるでしょう。このへんの関係は、勉強としか言いようがありません。

また、料理人の世界では、何もかもは教えてくれないとも言われています。

私が昔、帝国《ていこく》ホテルの料理長が書いた本を読んだところ、そこには、「先輩は、ソースの味などはなかなか教えてくれなかった。『何と何をどう配合してこの味を出したか』、『塩や砂糖、ごま、油など、いろいろなものを使っているが、どんな割合で混ぜてこうなっているのか』は教えてくれないので、

〝盗《ぬす》む〟しかない。今は料理人のトップになっているけれども、当時は、後片付けをしているふりをしながら、先輩がつくった料理の残りを舐《な》めて、味を盗んでいた」といったようなことが書いてありました。要するに、男性の職人の世界も難しくて、簡単に教えてくれるものではないのです。

同じように、嫁に行ったからといって、「わが家の秘密を全部、教えます。わが家の成功法を全部、教えます」、「この巻物《まきもの》一巻があれば、何でも全部、解決します」などというわけにはいきません。「どれだけ学べるか」は、その人の力量にもよるでしょう。能力や才能にもよるし、心のあり方にもよるし、謙虚さにもよるのです。

もちろん、それ以外の情報もたくさんあるとは思います。例えば、ファッション関係の仕事をしている家に嫁に行っても、ファッションの勉強をしていた人であれば、自分の意見がいろいろあるでしょう。しかし、その家でのベーシックな仕事をマスターしてからでないと、自分の意見を言うべきではありません。あまりにも〝浅いレベル〟で、いろいろなところのものを引き合いに出してはいけないのです。

「私は、どちらかといったら、ハナエモリのほうが好きなんだけど」といった感じで言ったりするようでは、だんだんに教えてもらえなくなるだろうと思います。やはり、それを意地悪と取るのは間違いであって、本人の「人間としての浅さ」の問題なのです。それは女性だけでなく、男性であっても同じでしょう。

また、「才能があれば教えてくれるか」といえば、そんなことはありません。才能がある人の場合、すぐにライバルになってくるケースもあるからです。したがって、「絶対に追い抜かれない」と思っているうちは教えてくれたとしても、「もしかしたら追い抜かれて逆転されるかもしれない」と思っ

郵便はがき

料金受取人払郵便

赤坂局承認

9429

差出有効期間
平成31年2月
28日まで
(切手不要)

1078790

112

東京都港区赤坂2丁目10－14
幸福の科学出版(株)
愛読者アンケート係 行

フリガナ お名前	男・女	歳
ご住所 〒 都道府県		
お電話 (　　　) －		
e-mail アドレス		
ご職業 ①会社員 ②会社役員 ③経営者 ④公務員 ⑤教員・研究者 ⑥自営業 ⑦主婦 ⑧学生 ⑨パート・アルバイト ⑩他 (　　　)		
今後、弊社の新刊案内などをお送りしてもよろしいですか？ (はい・いいえ)		

愛読者プレゼント☆アンケート

『嫁の心得　山内一豊の妻に学ぶ』のご購読ありがとうございました。今後の参考とさせていただきますので、下記の質問にお答えください。抽選で幸福の科学出版の書籍・雑誌をプレゼント致します。
（発表は発送をもってかえさせていただきます）

1 本書をどのようにお知りになりましたか？

①新聞広告を見て [新聞名：　　　　　　　　　　　　　　　　　　　　　　]
②ネット広告を見て [ウェブサイト名：　　　　　　　　　　　　　　　　　]
③書店で見て　④ネット書店で見て　⑤幸福の科学出版のウェブサイト
⑥人に勧められて　⑦幸福の科学の小冊子　⑧月刊「ザ・リバティ」
⑨月刊「アー・ユー・ハッピー？」　⑩ラジオ番組「天使のモーニングコール」
⑪その他（　　　　　　　　　　　　　　　　　　　　　　　　　　　　）

2 本書をお読みになったご感想をお書きください。

3 今後読みたいテーマなどがありましたら、お書きください。

ご感想を匿名にて広告等に掲載させていただくことがございます。ご記入いただきました個人情報については、同意なく他の目的で使用することはございません。

ご協力ありがとうございました。

たら、教えてくれなくなることもあります。

そういうときには、余計に全感覚を研《と》ぎ澄《す》ませて学び取っていかねばならないわけです。

どう対応する、「年上からの嫉妬《しっと》」

私にも、商社時代に嫉妬《しっと》された経験があります。普通《ふつう》であれば一、二年上の先輩からであるところを、私の場合、十年上、十五年上あたりの先輩から嫉妬されました。

自分としては、「そんな年代の人に嫉妬されるだろうか」と思ったのですが、彼らの言い方は振るっていて、「おまえは、いずれ社長になるんだろう。そのときにいじめられるだろうから、その前にいじめておいてやる」といった論理だったのです。「今のうちならいじめられるから、徹底《てってい》的にやってやる。おまえが上になったら逆にやられるだろうから、先手必勝で、先にいじめておいてやる」と、露骨《ろこつ》に言う人もいたぐらいでした。

私には、そんなつもりはなかったのですが、当時の私の作法《さほう》があまり丁寧《ていねい》でなく、柔軟でもなかった分、非常にうぬぼれて見えるところもあったらしいのです。確かに、訊き方が丁寧でなかったりしたこともあったかもしれません。

あるいは、相手の説明が単純に分からなかったから、「分からない」という言い方をしただけなのに、それを、「教え方が悪い」とか、「あなたは間違ったことを教えているのではないか」とか言われているかのように受け取る人もいたので、なかなか難しかったのです。

このような、警戒心を持っている人を相手にした場合は、基本的に、〝自分の弱み〟のようなものを少し出さないと、相手もなかなか心を開かないことが多いでしょう。

要するに、完全無欠であるように防御《ぼうぎょ》するためには、絶対に欠点を見せないようにしなければいけない状態になりますが、それだと、相手も警戒して心を開かないわけです。しかし、何かの折に、致命的《ちめい》ではない範囲内《はんい》での弱みを少し見せておくと、「そのへんのところは、まだ未熟なのかな」、「まだかわいいところもあるのか」と思って、かばってくれる人や教えてくれる人が出てきたりします。

例えば、私の先輩で、非常に優秀《ゆうしゅう》だった人は、いつも、「お金がなくて、借金している」と言っていました。財務関係の仕事をしている人間としては、少し恥《は》ずかしい話ではありますが、「個人の家計がいつも赤字でピーピーだ」という話ばかりをしていたのです。しかし、それも一つの〝フェイク〟でしょう。他人《ひと》に嫉妬させないためのやり方ではあったのです。

私の場合は、「実はモテないんだ」ということを〝弱点〟として見せるようにしていました。「私は女性にモテないんだ」と言っていると、男性の先輩たちがからかいたくなってきて、「おまえなあ、もうちょっとシャンとしないと駄目なんだ」と言ってきたりするので、そのついでに、いろいろと教えてもらえるところもあったのです。

ただ、そんなことを言っているうちに、〝自己催眠《さいみん》〟にかかってしまい、本当に女性にモテないような気になっていった感じもあるので、よし悪《あ》しがあろうとは思います。

ともかく、「自分は完璧《かんぺき》なのだ」などと思っている若い人に、心を開いて全部を教えてくれるような人は世の中に存在しないのです。

したがって、まずは謙虚であってください。そうは言っても、「謙虚であることができない」、あるいは、「弱点を見せると自己が崩壊《ほうかい》してしまう」といったタイプの方もいるかもしれません。そういう場合は、少しだけ〝駒《こま》を退《ひ》く〟というか、少しだけ何かを〝緩《ゆる》めればいい〟でしょう。

すべて完璧に、キラキラに光っているように見せるのはやめて、少しは自信のないところも見せ、人間関係がある程度つながるように努力することも、必要なのではないかと思います。

Q6　実はコワイ！「玉の輿《こし》」のあとの「落とし穴」

F　先ほどの「柔軟《じゅうなん》さ」とも関係する質問になるかと思いますが、夫が急に出世して偉《えら》くなった場合や、社長と結婚《けっこん》をして社長夫人になった場合など、急に自分自身の立場が上がってしまうことがあります。そうしたときに、今までと立場が変わったことで無理をしたり、虚勢《きょせい》を張ったり、夫の立場相応の扱《あつか》いを求めたりと、いろいろな不安やプレッシャーで苦しむこともあると思います。

そういう場合の対処法について、お教えいただければ幸いです。

トランプ米大統領の家族は、なぜ猛《もう》批判される？

大川隆法　それは難しいテーマですね。一般《いっぱん》的には、それは、「あんなふうになれたらいいなあ」と思われて、うらやましがられる対象にしかならないでしょう。その人が苦しんでいるとか、困っているとか、悩《なや》んでいるとかいうようなことは、あまり理解してもらえない立場なのです。

アメリカで言えば、今のトランプ大統領夫人は元スーパーモデルであるけれども、実際は仕事上で分からないこともたくさんあるだろうと思います。憧《あこが》れもされるでしょうが、批判もけっこうすぐに出てくるところはありますよね。

例えば、ハリケーンの被災地《ひさいち》にハイヒールを履《は》いて行っただけでも、彼女はマスコミなどにかなり叩《たた》かれていました。

こういうものは、元スーパーモデルでは、なかなか気が回らないのかもしれません。ハリケーンで被災したところに夫婦《ふうふ》で行こうとしたら、「何だ、その格好は?」と言われて批判されたわけです。

まるで日本のようではありますが、やはり、アメリカでも被災地にハイヒールを履いて行ったら、「何だ?」と言われるそうです。それは、自分が過去に学んだもののなかには、なかなかないところもあったのではないでしょうか。

それから、話のついでに、嫁《よめ》ではなく娘《むすめ》という立場にはなりますが、イヴァンカさ

ドイツのハンブルクで開催されたG20サミットに出席したあと、演奏会が行われるコンサートホールに向かうトランプ大統領とメラニア夫人(2017年7月7日)。

んも、自分の立ち位置が変わったことで批判されるようになったそうです。この方は非常に頭もいいし、美人だし、トランプ大統領自身が、「娘でなければ結婚したい」と言うぐらいの方ではあります。また、ハーバード大学出身の頭のいいユダヤ教徒の方と結婚されています。

そんな彼女は、「父親が大統領になるまでは、自分のすることは何でもほめられた。ほめられてばかりの人生だったのに、大統領の娘ということになったとたん、やることをことごとく批判されるようになった。あれもこれも駄目《だめ》だし、イヴァンカ・ブランドまでボイコット（不

アメリカ・ワシントンで開かれた国際通貨基金（ＩＭＦ）年次総会に出席する、トランプ大統領の長女で大統領補佐官を務めるイヴァンカ・トランプ氏（2017年10月14日）。

買運動）の対象になるし、海外に進出していた事業にまでいろいろとケチがついたりして、今までほめられていたことが全部反対になった」というようなことを言っています。

やはり、これも、立場の変化によって何かが変わったことを意味しているのでしょう。普通《ふつう》の人であれば、十分な成功として誰《だれ》からも尊敬を受けて納《なっ》得《とく》されていたのに、父親が大統領になったということで、批判のレベルが〝一段〟上がってしまったわけです。いや、一段どころではなくて、かなり上がってしまったのでしょう。

嫉妬心《しっとしん》を煽《あお》る材料になる「成功」とは

イヴァンカさんは自分でブランドをつくって、お店を持っているような人ですが、「大統領の娘」ということになったら、例えば、その権力を盾《たて》にして、いろいろなところで売り込《こ》みをしたり、他のブランドを脅《おびや》かしたりするぐらいのことはできなくもありません。ただ、そういうかたちでの交渉《こうしょう》をした場合、「買ってください」と言えば、相手のほうには、「大統領との関係もあるから、買わなければいけないのかな。取引しなければいけないのかな」というような、あらぬ憶測《おくそく》が立ってくるわけです。

そうすると、今までは自分の実力でやれたと思っていたようなことが、今度は、「実力ではない」という感じに見られることもあります。「自分自身に帰属するものではない成功が手に入ったのは、他力《たりき》によるものだ」というところが、嫉妬心《しっとしん》を煽《あお》る十分な材料になるということです。

やはり、誰もが「成功のチャンスの平等」を求めているところはあるので、民主主義の世の中であっても、それ以外の理由によって成功するのを見ると、納得がいかない面はあるわけです。

イヴァンカさんはもともと優《すぐ》れた女性だろうし、尊敬に値《あたい》する人だと思うのですが、父親が大統領という立場になって、三十五歳《さい》ぐらいでファーストレディ代わりにいろいろな意見を言ったり、政策を提言したり、父親に影響《えいきょう》を与《あた》えたりするとなったら、〝ちょっと許しがたい〟という気持ちを持つ人もいるのでしょう。それで、「これは叩いてやらなければいけないかな」という大人が大勢出てきているのだと思います。

「三十代半《なか》ばにしては、イヴァンカさんはずいぶんと見識《けんしき》を持っているな。すごいことを言うな」と、ほめられていたようなことが、「大統領の代わりに発言をするなんて、もし大統領がそれを聞いたらどうするのだ」という感じになって、大人たちが心配し始めるので、批判をたくさん受けるようになりました。それまでの「賞賛の嵐《あらし》」が「批判の雨嵐」になってきたわけです。

スーパーモデルだったトランプ大統領のメラニア夫人にしても、人によっては、「モデルならあまり勉強をしていないのではないか」と思われることもあるかもしれませんが、実際は、スロベニア出身で「六カ国語」ぐらい話せるとも言われています。スロベニアからアメリカに移住して、世界のスーパーモデルにまでなった方ですから、その〝上がり方〟は半端《はんぱ》ではありません。自分自身に力のあった方なのでしょう。

ただ、それでも大統領夫人になるための修業を積んだわけではないので、おそらく、いろいろな交際等の面では足りないところが出てくるだろうと思うのです。

この「自分の立場の変化」に自分で気づけている?

こういった例から考えて見れば、ご質問にあったように、「社長と結婚した」とか、「社長の息子《むすこ》と結婚した」という場合で言えば、何重にも警戒《けいかい》されるという感じでしょうか。

「別に、自分は何も武器を持っていないし、少し空手《からて》をやっただけだ」などと思っても、まるで凶悪《きょうあく》犯罪者でも現れたかのように、突撃《とつげき》部隊の警察官が十重《とえ》二十重《はたえ》に取り巻いているような感じの対応をされるわけです。「大げさでしょう? こちらは素手《すで》ですよ」と言っているのに、「いや、このくらいしておかないと間に合わないかもしれない」と言われて、やられるような感じは受けるだろうと思います。

やはり、これは難しいテーマでしょう。

実際、そういう体験をすること自体、「本当は成功している」ということなので、うらやましい境遇《きょうぐう》ではあるし、百に一つの成功ではあるのでしょうが、要するに、今までと違って、ハンディ戦になるわけですね。

ゴルフをするときには、一緒《いっしょ》にプレーをするメンバーのなかに、ベテランとそうではない人がいることもあるので、ハンディというものをつけます。

例えば、トランプ大統領はハンディが「三」で、安倍《あべ》首相はハンディが「二十」あるそうです。ホールアウトするまでの間に規定打数があって、十八ホールでの合計打数を出すときに、ハンディが二十の人と三の人であれば、「十七打数分の差があっても同点」という見方をするわけです。

つまり、安倍首相がトランプ大統領より十六打、余分に打っても、安倍首相の勝ちになります。これがハンディ戦というものです。

また、将棋《しょうぎ》で実力の違う者が対戦するときには、上位者側の駒《こま》から飛車《ひしゃ》を抜《ぬ》いた「飛車落ち」や、飛車と角行《かくぎょう》を抜いた「二枚落ち」等で行われることもあります。さらに、香車《きょうしゃ》を落としたり、桂馬《けいま》を落としたり、銀将や金将を落としたりする場合もありますが、プロになると、歩兵《ふひょう》まで落として戦うようなところまで行くそうです。

そういったハンディ戦というものについて述べましたが、要するに、社長や社長の息子と結婚するとかいう場合は、誰もがうらやむような〝超《ちょう》出世〟でポンッと飛べる一方で、そこには十分なハンディが生じるというわけです。

しかし、今までハンディ戦の練習をしたことがなく、将棋で言う「平手《ひらて》打ち」しか経験したことのない人は、どうなるでしょうか。「平手打ちなら、自分の実力が十分に通用したはず。勝てる相手だ」と思っていたのに、ハンディ戦になると、「自分には飛車もないの？　角もないの？」という状況《じょうきょう》で戦わなければいけなくなります。そのため、「人気が出るのは当然」とされて、もし〝不評〟が出たときには、ここぞとばかりに叩かれるというようなことがあるのです。

あるいは、黒字会社の社長で、かなりの黒字が出ていたのに、結婚したあとの決算で赤字が出たというだけで、「運の悪い相手と結婚して、仕事に専念できなかったからだ」というような批判までされることもあるかもしれません。また、子供の学校の問題まで、いろいろと言われたりすることもあるでしょう。

そこで、ハンディ戦というものについて勉強しなければいけなくなるわけです。こういうものについて、それまでに教わっていないことが多いと思いますが、これはハンディの問題なのです。昔なら、できたらほめられていたことも、「できて当たり前」になるし、むしろ、できたというだけでは駄目で、「上出来《じょうでき》であって当たり前」という感じになって、ハンディがどんどん上がっていきます。

そのため、「ハンディの上がり方」を理解していないと、ほかの人たちが言っていることが単なる「意地悪」のように聞こえたり、自分が「邪険」に扱われているように思えたり、周りが「差別」に満ちているような感じに見えたりすることもあるのではないでしょうか。

しかし、ここで「人格変化」を起こし、自分も〝出世〟をしなければいけないわけです。

小池百合子《こいけゆりこ》氏、なぜ急にバッシングされたの？

例えば、二〇一七年衆院選（十月二十二日投開票）のとき、週刊誌記事の見出しには、「希望の党」の小池百合子《こいけゆりこ》氏のことを、「女ヒトラー」などと書いているものもありました。

小池氏は都知事をしながら、「安倍一強を倒《たお》す」ということで、最初は〝いい感じ〟で風が吹《ふ》いているようにも見えたわけですが、自分自身は衆院選に立候補しないし、民進党を吸収するに当たって、自分の考えに合わない人を「排除《はいじょ》」してしまったので、途中《とちゅう》からそれが「すごく偉そうだ」と見えたのかもしれません。

テレビ映りは、女性らしく優《やさ》しい感じで、いつもうまく出演していたのに、怖《こわ》い権力者のイメージが出てきたら急に嫌《きら》われて、新聞や週刊誌等に、「緑のたぬき」とか、「女帝《じょてい》」とか、「独裁者」「女ヒトラー」などと書かれたりしました。

「成功に伴《ともな》う代償《だいしょう》」に耐《た》えられるだけの力を身につける

このころ、私は地方へ巡錫説法《じゅんしゃくせっぽう》に向かう途中、駅のコンビニの売り場の前を通ったときに、タブロイド紙を見かけたのですが、私が巡錫に行く前には、「小池ヒトラーか」というようなことを書かれていて、東京に帰ってきたときには、今度は、「小池爆弾《ばくだん》」などと書かれていたので、これは、おそらく、堪《こた》えただろうなと思います。

つまり、都知事までだったらほめられたことが、国政選挙となると、そうではなくなってきたということです。

「都知事は、大臣三人分ほどの力に匹敵《ひってき》する」とも言われています。彼女自身も、環境《かんきょう》大臣や防衛大臣等の経験者ですけれども、その大臣三人分の力があると言われる都知事までであれば、まだ追い風が吹いて、みんなが優しく見ていてくれていたのが、「次は日本の国を牛耳《ぎゅうじ》る」、あるいは、「総理を蹴落《けお》として、自分がなろうか」という雰囲気《ふんいき》が彼女から感じられたとたんに、ハードルがガーッと上がってしまったわけです。その結果、いろいろと憶測されたり、細《こま》かいところまで言われたりするようになり、〝叩き落とされ〟そうな感じに変わりました。

これは、本人にとっては、「同じ人格なのに、こんなに言われていいのか」と思うところもあるでしょう。その三カ月前の東京都議会議員選挙のときには追い風が吹いていましたし、一年前の都知事選のときも圧勝だったのに、同じ人間でも、狙《ねら》っているものが変われば、あっという間に周りの判断が変わってくるということです。

ただ、これは、しかたのないところもあるのです。首相ともなれば、いちおう、日本の最高権力者になるので、国民を幸福にするのも不幸にするのも、一存でできないわけではありません。そうすると、その人の持っている性格のなかで、今まではそれほど気にならなかったようなところでも、「緻密《ちみつ》にチェックしないと、もしかしたら、〝やられる〟かもしれない」という考えが働くわけです。

例えば、民進党を〝解体〟して議員たちを希望の党に入れるというときには、いろいろと〝踏《ふ》み絵〟を踏ませて、彼女にとって気に入らない人は排除していきました。もし、国政を牛耳るようになった場合に、この「排除の論理」によって、自分が気に入らないタイプの国民は、あっという間に排除し始めるということにでもなれば、共産主義圏《けん》と変わらなくなるかもしれません。「中国や北朝鮮《きたちょうせん》の粛清《しゅくせい》と同じようなことになるのではないか」という恐《おそ》れがないわけではないと思えば、「そうなる前に叩いておこうか」ということになるわけです。

先ほども述べたように、私が新入社員のときには、「どうして十五年も先《せん》輩《ぱい》の人に、こんなことを言われなければならないのか」と思うこともありましたけれども、向こうからすれば、「自分の上司になる前に叩いておこうか」ということではあったようです。そこまで刺激《しげき》したことが罪に当たるのかどうかは分かりません。

おそらく、小池都知事としても、そこまでの〝ハンディ戦〟となることへの想像はついていなかったのではないでしょうか。「首相になる」というのは、それほど重いものだということです。安倍首相も、ものすごく悪口を言われますけれども、首相というのは権力が大きいので、あの手この手で攻《せ》め込まれますし、あらぬことでも言われたときには、それに耐《た》えなければいけないわけです。

やはり、「成功」には「代償《だいしょう》」が伴《ともな》うものです。

したがって、成功しても普通でいられる、自分が自分でいられるためには、もう一段、その代償に耐えられるだけの「浮力《ふりょく》」や「余力」を持っていなければならないし、また、「その上」を狙う者にとっては、あらかじめ、そういうものに対する準備を多少なりともしておくだけの心掛《こころが》けが必要だということです。

もし、まったくの準備なしに、いきなり〝シンデレラガール〟になってしまったような場合には、それだけの〝風圧〟があるということを十分に知った上で、謙虚《けんきょ》な上にも謙虚であり、言葉選びにも注意をして、そして、自分の知らないことや学ばなければいけないことに対しては、耳を立て、目を皿のようにして、いろいろなことから学んでいかなければなりません。

いかなるハンディ戦も乗り越《こ》えていこう

しかし、最終的には、「最後は教えてくれる人はいないかもしれない」ということも知っておくべきでしょう。

帝国ホテルの料理人ではないけれども、先輩は教えてくれないものだと思って、つくっているところを観察したり、出汁《だし》の残りを味わってみたりして、「こういうふうにするのではないか」というところまで〝guess《ゲス》〟（推測）しながら、想像してやらなければいけないところもあります。それで乗り越《こ》えていけなかったら、やはり、〝叩き落とされる〟わけです。

以前にも述べたことがありますが、私は、商社時代、外国為替《かわせ》部の輸出外国為替課というところに配属されたものの、大学は法学部で、法律や政治の勉強しかしておらず、外国為替など一度も学んだことがなかったので、まったく知りませんでした。学部によっては、そういうことを教わるところもありますが、私の場合は、まったくの無知の状態でしたし、当然、会社に入る前に予習もしていなかったので、何も知らない、まったくの素人《しろうと》だったのです。

ところが、社内のほかの人たちは、私について、「鼻息が荒《あら》くて、鳴り物入りで入ったらしい」というようなことを聞いていたようです。私自身は、「鳴り物入りで入った」ということを聞いていないので、そのことは知らなかったのですが、社内の人たちには、「何かあったら、いじめてやろうか」と思って待っているようなところもありました。

それで、仕事も教えてもらえないし、失敗したら、「こんなこともできないのか」と、たくさん怒《おこ》られるような状態が続きました。ただ、けっこう長い間、教えてもらえなかったので、私自身の態度もよくなかったのだろうとは思います。

それでも、一年たったころには、自《みずか》ら「外国為替についてのマニュアル本」をつくれるまでになっていました。一般的なマニュアル本はあったのですが、自分の会社の仕事におけるやり方について書かれたようなものはなかったので、一年後に、「このようにすれば仕事ができる」ということを書いたマニュアル本を自分でつくってしまったわけです。

そして、それを新入社員も含《ふく》めて全員に配ったところ、私が一つの仕事しかしていなかったはずなのに、実際にはほかの人の仕事まで見えていたということは驚《おどろ》きではあったようです。「どうして分かるのだろう」と、周囲はやや〝ずっこけた〟状態になり、私に対する見方がコロッと変わったようではありました。

要するに、私は、自分も電話で話をしているけれども、ほかの人が電話で話している内容まで聴《き》いていて、他の人々がしている仕事まで見えていたということなのです。

その当時、課には十七人いましたが、私の目は〝複眼〟だったので、自分の仕事のみを一生懸命《いっしょうけんめい》にしているだけではなく、ほかの人のしている仕事まで見えていて、ほかの人が話している内容や、課長が判断している内容、隣《となり》の課の言っていることまで聴いていたということです。このあたりが、他の人々には分からなかった部分でした。

いろいろと情報を仕入れては、自分で本を読みながら勉強してはいたので、一年たったときには、外国為替全般について解説マニュアルが書けるほどになっていました。これについては、「教えていないから書けるはずはないのに、できた」ということへの驚きが、ややあったようではあります。

いずれにせよ、そういうハンディ戦になった場合には、どこかでそれを乗り越えなければいけない部分はあるのではないかと思います。

例えば民間から皇室に入ったら、どんな苦労が？

偉い人と結婚すると、普通はうらやましがられるものですが、一方で、周りからも自分の友達からも嫉妬されますし、結婚先でも、義母やその家族、あるいは、そこの従業員などから、いろいろと言われることがあります。

美智子《みちこ》さまのような方でも、皇室に入られたときには、古くからいる女官《にょかん》の方から、「やはり、民間の方は賤《いや》しいわね」というようなことを言われたりしていたようです。

母乳《ぼにゅう》で息子を育てるとか、台所に立って自分で料理をつくりたいというのは、庶民《しょみん》にとっては当たり前の考えでしょう。

しかし、皇室では、そういうことはすべて侍従《じじゅう》や女官がついてすることだったため、自分で母乳を皇太子に与えたということについて、母親であるにもかかわらず、伝統的な考えを持つ女官からは、「それ自体が身分が低いということなのだ」といった批判をされたという話を聞いたことがあります。台所に立つということが品のないことであり、「庶民の血が入ってしまった」ということのようでした。

さらには、皇室関係の先輩に当たる女性からは、「吾日《わがひ》の本《もと》も光おちけり」などという句に詠《よ》まれたりして、「民間人を入れたので光が落ちた」というようなことまで言われています。

このように、美智子さまは、国民的人気はあったものの、今までの伝統とは違うものを入れようとしたために、なかでは陰湿《いんしつ》にいろいろと言われていたというわけです。

そのようなこともあってか、〝自分の味方を増やそう〟と、民間から雅子《まさこ》さまを入れようとしたのかもしれませんが、こちらも不適合を起こされたりして、なかなか通じないものはあるのでしょう。

『皇室の未来を祈って―皇太子妃・雅子さまの守護霊インタビュー―』(幸福の科学出版刊)

このように、うらやまれるような立場であっても、残念ながら、改革をしようと思ったら逆にやられてしまうようなこともあるということです。

そういうことも知った上で、それでも、上がっていくことは楽しいと思うかもしれません。ただ、ジャクリーン・ケネディのように、ケネディ大統領夫人となって、若くして成功したとしても、夫が暗殺されるような悲劇が起こることもあるので、人生いろいろだということは知っておく必要があるでしょう。

やはり、「人生学のベテラン」としては、「普通の年齢《ねんれい》よりも上まで見えていなければならない」ということです。

やはり、「人間としての賢《かし》さ」を磨《みが》くしかない

これに対する〝特効薬〟はないと思います。ただ、「変わらなければいけないのだ」ということです。

今までよりも言葉は重くなるし、態度も重くなって、かつては冗談《じょうだん》で通じたことが、通じなくなっていきます。

例えば、社長夫人になったら、自分自身は社長ではないけれども、周りの人からは、「社長夫人が言ったことは、もしかしたら、社長と話を合わせてのものなのかもしれない」と思われるわけです。

ですから、奥様《おくさま》たちを集めて、宴会《えんかい》なりクリスマス会なりを開いたときに、社長夫人から、「〇〇部長の奥さんって、本当に服装の趣味《しゅみ》が悪いわね」とか、「〇〇さんのお子さんは、また、あそこの学校に落ちたんだって」などというようなことを言われると、相手は、社長に言われたかのように感じることがあるわけです。

そのため、以前なら言ってもよかったようなことでも、社長夫人にもなれば、「それを言うと、相手がどう感じるか」というところまで計算した上で発言するだけの賢《かしこ》さは必要になるし、度が過ぎた場合には、夫の足を引っ張ることにもなりかねません。その意味では、「努力」も「賢さ」も、いっそう磨《みが》きをかけなければいけないのです。

今、述べたことは、小さく言っても、百に一つぐらいの成功例の場合ではありますが、やはり、それだけの負荷《ふか》はかかるのだということです。

ただ、こういうものに関しては、教えてくれる人がなかなかいないので、そういう心掛けを持つ以外に方法はありません。なぜなら、ほかの人はそういう立場に立ったことがないので、教えられるわけがないからです。

ほかの人はみな、美智子さまのように民間から皇室に嫁入りすることも、雅子さまのように外交官から皇室に嫁入りすることもないので、「外交官が皇室に嫁入りしたら、どうすればよいか」といったマニュアルなど、あるはずもありません。

そのため、「自分の才能を発揮しようとしたら不適合が起きるので、自分を否定するか、周りを丸ごと呑《の》み込むか」、どうしたらよいかが分からず、その結果、体調不良が続くというようなことになるわけです。

こういう場合、やはり、「勉強ができた」ということを超《こ》えての「人間としての賢さ」を磨く以外に方法はないと思います。

そのために、見性院《けんしょういん》と言われた山内一豊《やまのうちかずとよ》の妻・千代《ちよ》さんの事例なども参考にしながら、「自分を立てようとするのではなく、夫を立てる」ということによって、「自分自身が良妻賢母《りょうさいけんぼ》と言われるような道もあるのだ」ということを学んでほしいと思います。

「自分の発言や行動は、自分のためのものなのか。それとも、それをすることが、夫の将来にとって役に立つのか」というようなことを考える力があれば、周りから〝誉《ほま》れ〟として見られることもあります。また、自分の発言や提案が、会社や国家の政治の発展につながるようなことであるならば、それは、やがてプラスにはなるでしょう。

ただ、ハンディがあって、人の目が厳しくなっていることに対しては、十分な理解が必要だということです。

あとがき

宗教家とは何とも難儀《なんぎ》な職業である。あらゆる人生問題に答えねばならず、自分は嫁にいった経験もないのに、嫁の心得を熟考《じゅくこう》せねばならない。最後は、一切《いっさい》の執着《しゅうちゃく》を断《た》って、あきらめるしかない、といわざるをえないが、それでも人生の岐路《きろ》に立った人に、一言《ひとこと》なりともアドバイスをしたいものだ。

というわけで、歴史に学び、人の経験に学び、自分の経験に学んで、ささやかなヒント集を編《あ》んでみた。

関心のある人は、山内一豊の妻千代《ちよ》がなぜ尊敬されてきたのか勉強してみるとよい。逆説《ぎゃくせつ》的に言えば、五百年前にあっても、自我を抑制《よくせい》し、忍耐し、夫の人生を支え続けることは、やはり相当難しかったということであり、「徳」の発生原因ともなったということであろう。

二〇一七年　十一月三日

幸福《こうふく》の科学《かがく》グループ創始者兼総裁《そうししゃけんそうさい》　大川隆法《おおかわりゅうほう》

『嫁の心得　山内一豊の妻に学ぶ』大川隆法著作関連書籍

『女性らしさの成功社会学』（幸福の科学出版刊）
『夫を出世させる「あげまん妻」の10の法則』（同右）
『婚活必勝法Q＆A』（同右）
『皇室の未来を祈って――皇太子妃・雅子さまの守護霊インタビュー――』（同右）
『「パンダ学」入門』（大川紫央著　幸福の科学出版刊）

嫁《よめ》の心得《こころえ》　山内一豊《やまのうちかずとよ》の妻《つま》に学《まな》ぶ

――さげまん妻にならないための６つのヒント――

2017年11月17日　初版第１刷

著　者　　大《おお》　川《かわ》　隆《りゅう》　法《ほう》

発行所　　幸福の科学出版株式会社

〒107-0052 東京都港区赤坂２丁目10番14号
TEL(03)5573-7700
http://www.irhpress.co.jp/

印刷・製本　株式会社 堀内印刷所

ISBN978-4-86395-955-2 C0030

本文写真：AFP =時事／ EPA =時事／ Hick/PIXTA ／キヒロ／ 663highland ／ Hiro2006 ／立花左近
カバー写真：marukopum・GooseFrol・mistletoe・SongE・RRice ／ Shutterstock

大川隆法 ベストセラーズ・女性の幸福と成功を考える

女性らしさの成功社会学

女性らしさを「武器」にすることは可能か

男性社会で勝ちあがるだけが、女性の幸せではない——。女性の「賢さ」とは?「あげまんの条件」とは? あなたを幸運の女神に変える一冊。

1,500円

夫を出世させる「あげまん妻」の10の法則

これから結婚したいあなたも、家庭をまもる主婦も、社会で活躍するキャリア女性も、パートナーを成功させる「繁栄の女神」になれるヒントが、この一冊に!

1,300円

あげママの条件

子供を上手に育てる8つの「考え方」

すべてのママたちに贈る〝ハッピー子育てアドバイス〟。正しいしつけ、成功する教育法、上手な叱り方など、ママが心掛けたい8つのポイント大公開!

1,400円

※表示価格は本体価格(税別)です。

女性の幸福と成功を考える

じょうずな個性の伸ばし方

お母さんの子育てバイブル

大川隆法　著

胎教、幼児教育、体罰としつけ、反抗期、障害、ADHD、自閉症……。子育てに奮闘する、すべてのママに贈る一冊。

1,400円

「パンダ学」入門

私の生き方・考え方

大川紫央　著

忙しい時でも、まわりを和《なご》ませ、癒やしてくれる―。その「人柄」から「総裁を支える仕事」まで、大川隆法総裁夫人の知られざる素顔を初公開！

1,300円

父と娘のハッピー対談②

新時代の「やまとなでしこ」たちへ

大川隆法　大川咲也加　共著

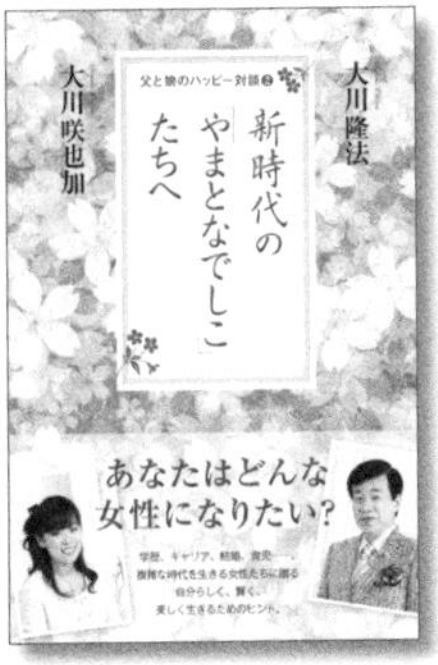

新時代の理想の女性像に思いを巡らせた父と娘の対談集・第二弾。女性らしさの大切さや、女性本来の美徳について語られる。

1,200円

親子で心豊かな時間を生きる

「アイム・ファイン！」になるための７つのヒント

いつだって、天使はあなたを見守っている

大川隆法　著

人間関係でのストレス、お金、病気、挫折、大切な人の死―。さまざまな悩みで苦しんでいるあなたへ贈る、悩み解決のためのヒント集。

1,200円

心を癒す　ストレス・フリーの幸福論

大川隆法　著

人間関係、病気、お金、老後の不安……。ストレスを解消し、幸福な人生を生きるための「心のスキル」が語られた一書。

1,500円

パンダルンダ

第１話 パンダちゃんのはじまりのおはなし

第２話 パンダちゃんともりのおともだち

第３話 パンダちゃんとミラクルそんちょう

大川紫央　著

【心がすくすく育つ絵本】主人公の"パンダちゃん"と可愛い動物たちと一緒に、神様や仏様のお話を学ぼう。

第１話　1,200円／第２話、第３話　1,300円

大川隆法 霊言シリーズ・トップレディーの本心

皇室の未来を祈って

皇太子妃・雅子さまの守護霊インタビュー

ご結婚の経緯、日本神道との関係、現在のご心境など、雅子妃の本心が語られる。日本の皇室の「末永い繁栄」を祈って編まれた一書。

1,400 円

ダイアナ元皇太子妃のスピリチュアル・メッセージ

英語霊言 日本語訳付き

没後 20 年目の真実

突然の事故から20年、その死の真相からチャールズ皇太子・王室に対する本心まで。悲劇のプリンセスがいま、世界の人々に伝えたいこととは──。

1,400円

安倍昭恵首相夫人の守護霊トーク「家庭内野党」のホンネ、語ります。

「原発」「ＴＰＰ」「対中・対韓政策」など、夫の政策に反対の発言をする型破りなファーストレディ、アッキー。その意外な本心を守護霊が明かす。

1,400円

Welcome to Happy Science!
幸福の科学グループ紹介

「一人ひとりを幸福にし、世界を明るく照らしたい」──。その理想を目指し、
幸福の科学グループは宗教を根本《こんぽん》にしながら、幅広い分野で活動を続けています。

宗教活動

幸福の科学【happy-science.jp】

- 支部活動【map.happy-science.jp（支部・精舎へのアクセス）】
- 精舎（研修施設）での研修・祈願【shoja-irh.jp】
- 学生局【03-5457-1773】
- 青年局【03-3535-3310】
- 百歳まで生きる会（シニア層対象）
- シニア・プラン21（生涯現役人生の実現）【03-6384-0778】
- 幸福結婚相談所【happy-science.jp/activity/group/happy-wedding】
- 来世幸福園（霊園）【raise-nasu.kofuku-no-kagaku.or.jp】

来世幸福セレモニー株式会社【03-6311-7286】

株式会社 Earth Innovation【earth-innovation.net】

30th

2016年、幸福の科学は
立宗30周年を迎えました。

社会貢献

ヘレンの会（障害者の活動支援）【helen-hs.net】

自殺防止活動【withyou-hs.net】

支援活動

- 一般財団法人
「いじめから子供を守ろうネットワーク」【03-5719-2170】
- 犯罪更生者支援

国際事業

Happy Science 海外法人
【happy-science.org（英語版）】【hans.happy-science.org（中国語簡体字版）】

教育事業

学校法人 幸福の科学学園

- 中学校・高等学校（那須本校）【happy-science.ac.jp】
- 関西中学校・高等学校（関西校）【kansai.happy-science.ac.jp】

宗教教育機関

- 仏法真理塾「サクセスNo.1」（信仰教育と学業修行）【03-5750-0747】
- エンゼルプランV（未就学児信仰教育）【03-5750-0757】
- ネバー・マインド（不登校児支援）【hs-nevermind.org】
  - ユー・アー・エンゼル！運動（障害児支援）【you-are-angel.org】

高等宗教研究機関

- ハッピー・サイエンス・ユニバーシティ（HSU）
【happy-science.university】

政治活動

幸福実現党【hr-party.jp】

- <機関紙>「幸福実現NEWS」
- <出版> 書籍・DVDなどの発刊
- 若者向け政治サイト【truthyouth.jp】

HS 政経塾【hs-seikei.happy-science.jp】

出版事業

幸福の科学の内部向け経典の発刊

幸福の科学の月刊小冊子【info.happy-science.jp/magazine】

幸福の科学出版株式会社【irhpress.co.jp】

- 書籍・CD・DVD・BD などの発刊
- <映画>「UFO 学園の秘密」【ufo-academy.com】ほか８作
- <オピニオン誌>「ザ・リバティ」【the-liberty.com】
- <女性誌>「アー・ユー・ハッピー？」【are-you-happy.com】
- <書店> ブックスフューチャー【booksfuture.com】
- <広告代理店> 株式会社メディア・フューチャー

メディア関連事業

メディア文化事業

- <ネット番組>「THE FACT」【youtube.com/user/theFACTtvChannel】
- <ラジオ>「天使のモーニングコール」【tenshi-call.com】

スター養成部（芸能人材の育成）【03-5793-1773】

ニュースター・プロダクション株式会社【newstarpro.co.jp】

ARI Production 株式会社【aripro.co.jp】

入会のご案内

幸福の科学では、大川隆法総裁が説く仏法真理《ぶっぽうしんり》をもとに、「どうすれば幸福になれるのか、また、他の人を幸福にできるのか」を学び、実践しています。

入会

仏法真理を学んでみたい方へ

大川隆法総裁の教えを信じ、学ぼうとする方なら、どなたでも入会できます。入会された方には、『入会版「正心法語」』が授与されます。

三帰《さんき》誓願《せいがん》

信仰をさらに深めたい方へ

仏弟子としてさらに信仰を深めたい方は、仏《ぶっ》・法《ぽう》・僧《そう》の三宝《さんぽう》への帰依を誓う「三帰誓願式」を受けることができます。三帰誓願者には、『仏説・正心法《しょうしんほう》語《ご》』『祈願文《きがんもん》①』『祈願文②』『エル・カンターレへの祈り』が授与されます。

幸福の科学 サービスセンター
TEL 03-5793-1727（受付時間／火～金：10～20時　土・日祝：10～18時）

幸福の科学 公式サイト
happy-science.jp

HSU ハッピー・サイエンス・ユニバーシティ
Happy Science University

ハッピー・サイエンス・ユニバーシティ（HSU）は、大川隆法総裁が設立された「現代の松下村塾」であり、「日本発の本格私学」です。

学部のご案内

人間幸福学部
人間学を学び、新時代を切り拓くリーダーとなる

経営成功学部
企業や国家の繁栄を実現する、起業家精神あふれる人材となる

未来産業学部
新文明の源流を創造するチャレンジャーとなる

長生キャンパス
〒299-4325
千葉県長生郡長生村一松丙 4427-1
Tel.0475-32-7770

未来創造学部
時代を変え、未来を創る主役となる

政治家やジャーナリスト、俳優・タレント、映画監督・脚本家などのクリエーター人材を育てます。
4年制と短期特進課程があります。

・4年制
1年次は長生キャンパス、2年次以降は東京キャンパスです。

・短期特進課程（2年制）
1年次・2年次ともに東京キャンパスです。

HSU未来創造・東京キャンパス
〒136-0076 東京都江東区南砂2-6-5
Tel.03-3699-7707

NEW STAR PRODUCTION

ニュースター・プロダクション

「新時代の“美しさ”」を創造する芸能プロダクションです。2016年3月に映画「天使に“アイム・ファイン”」を、2017年5月には映画「君のまなざし」を公開しています。

公式サイト **newstarpro.co.jp**

ARI Production

ARI《アリ》 Production《プロダクション》

タレント一人ひとりの個性や魅力を引き出し、「新時代を創造するエンターテインメント」をコンセプトに、世の中に精神的価値のある作品を提供していく芸能プロダクションです。

公式サイト **aripro.co.jp**

大川隆法　講演会のご案内

大川隆法総裁の講演会が全国各地で開催されています。
講演のなかでは、毎回、「世界教師」としての立場から、幸福な人生を生きるための心の教えをはじめ、世界各地で起きている宗教対立、紛争、国際政治や経済といった時事問題に対する指針など、日本と世界がさらなる繁栄の未来を実現するための道筋が示されています。

8月2日 東京ドーム「人類の選択」

5月14日 ロームシアター京都「永遠なるものを求めて」

4月23日 高知県立県民体育館「人生を深く生きる」

2月11日 大分別府ビーコンプラザ・コンベンションホール「信じる力」

1月9日 パシフィコ横浜「未来への扉」

講演会には、どなたでもご参加いただけます。
最新の講演会の開催情報はこちらへ。 ⟹

大川隆法総裁公式サイト
https://ryuho-okawa.org